Was mir wichtig ist

Josef Pühringer

Was mir wichtig ist

Im Gespräch mit
Christine Haiden und
Hubert Feichtlbauer

:STYRIA

Inhalt

Zum Geleit

Ist über Josef Pühringer schon alles gesagt? Hat Josef Pühringer selbst schon alles gesagt? Wer sich daran macht, den oberösterreichischen Landeshauptmann zu befragen nach dem, was ihm wichtig ist, setzt sich der Skepsis aus. Josef Pühringer ist ein Altbekannter, im Land ob der Enns und darüber hinaus. Seit vierzehn Jahren steht der ÖVP-Politiker an der Spitze des drittgrößten Bundeslandes. Er kennt das Land, und die Menschen kennen ihn. Seine Bekanntheitswerte reichen an die 100 Prozent heran, seine eigene Partei hat ihn zuletzt mit 100 Prozent der Stimmen zum Landesparteiobmann wiedergewählt.

Der Herbst 2009 bringt zwei im Leben Pühringers nicht unwichtige Ereignisse. Ende September wählt Oberösterreich einen neuen Landtag, Ende Oktober rundet sich der Lebenskreis Pühringers auf 60 volle Jahre.

Der Styria Verlag animierte die Autoren des vorliegenden Buches, aufgrund dieser beiden Anlässe Josef Pühringer ausführlicher zu befragen, als es in schnellen Zeitungsinterviews möglich ist. Das Anliegen war kühn angesichts des vollen Terminkalenders Pühringers und der zeitlich feststehenden Anlässe.

In der Organisation und Durchführung der Gesprächstermine erwies sich eine herausragende Eigenschaft des routinierten Politikers: effizient, pragmatisch, klar. Ob später Abend oder früher Morgen, Pühringer war für jedes Gespräch gut vorbereitet und formulierte ambitioniert und deutlich seine Standpunkte.

Politik heißt Lösungen finden: So ließe sich das Credo Josef

Pühringers zusammenfassen. In zehn Kapiteln geht es folglich um zehn Themenfelder, die anspruchsvolle Lösungen brauchen. Solche sind aber ohne klare Prinzipien, ohne handlungsleitende Motive weder klug noch nachhaltig. Herauszufragen, was den Politiker Pühringer im Innersten motiviert und trägt, war ein wichtiges Ziel der Gespräche. Es sollte der Mensch sichtbar werden und das, was ihm wichtig ist.

Was uns am Ende der Gespräche wichtig ist: ein großer Dank in erster Linie an Dr. Josef Pühringer selbst. Weiters seinem gut organisierten Büro rund um Heidelinde Koller, dem Verlag unter Leitung von Mag.a Gerda Schaffelhofer, Cheflektor Dr. Johannes Sachslehner, der bearbeitenden Lektorin Marion Mauthe und Monika Ifsits, die in Rekordzeit aus Tonaufnahmen lesbare Texte machte.

Als Autoren bleibt uns zum Abschluss nur ein Wunsch: dass Sie etwas erfahren, das bisher so noch nicht gesagt war.

Christine Haiden, Hubert Feichtlbauer – im Juli 2009

Politik als Beruf

1.

Demokratie kann man unterm Bügeltisch, in der Schule und aus der Geschichte lernen

Es gibt Politiker, die schon im Kindesalter Bundeskanzler werden wollten. Hat Josef Pühringer schon als Kind davon geträumt, Landeshauptmann zu werden?

Sicher nicht. Ich kann relativ wenig dafür, dass ich zur Politik gekommen bin. Mein Vater war Stadtparteiobmann der ÖVP in Traun und Bezirksobmann des Wirtschaftsbundes. In den Fünfziger-, Sechzigerjahren, als ich ein kleines Kind war, hat die Politik bei uns zu Hause in der Schneiderwerkstatt stattgefunden. Ich bin unter dem Bügeltisch gesessen und habe zugehört. Es hat mich fasziniert, wie – damals natürlich fast ausschließlich – die Herren beraten haben, was in Traun geschehen sollte, was man gestalten kann.

Was lernt man als Kind unter dem Bügeltisch des Vaters darüber, wie Politik funktioniert?

Ich habe damals gesehen, dass die Funktionäre gekommen sind und erzählt haben, was die Leute bewegt, wo es Probleme gibt. Es war eigentlich weit weg von dem, was man landläufig unter Politik versteht, weit weg von bloßer Machtausübung. Ich war 22 Jahre in der Gemeindepolitik und ich kann nur jedem empfehlen, den Weg in die Gemeindepolitik einzuschlagen. Im Gemeinderat haben wir etwas beschlossen, und am nächsten Tag hat man dann die Leute im Kaffeehaus getroffen, und sie haben gesagt: „Ihr seid schöne Esel, was ihr da gestern beschlossen habt, hat bei uns in der Straße diese und jene Auswirkung.“ Die härteste Schule ist die des unmittelbaren Lebens, und das findet in der Gemeinde statt.

Besteht die Kunst der Politik vor allem im Abschätzen von Auswirkungen?

Das will ich nicht sagen. Auf der Gemeindeebene, und eigentlich auf allen Ebenen, ist Politik ein Lösen von Problemen. Natürlich ist Politik immer auch Wettbewerb. Jeder will die Probleme lösen. Das sollte man auch grundsätzlich jedem Politiker zugute halten. Politik ist ein positiver Wettbewerb um die besseren Lösungen für die Menschen. Wobei natürlich die Frage, welche Lösung besser ankommt, auch eine Rolle spielt. Eigentlich kommt meistens die Lösung, die in der Sache am besten ist, letztendlich auch am besten an.

De facto werden die Lösungen umgesetzt, für die es Mehrheiten gibt. Das müssen dann aber nicht unbedingt die besten Lösungen sein.

Das ist richtig. Im Ernstfall kann der Kompromiss an der besten Lösung vorbeigehen und man bringt nur die zweit- oder drittbeste Lösung durch. Wenn ich zurückdenke, hätte ich beim Bau des geplanten Musiktheaters im Linzer Schlossberg noch stärker für die beste Lösung kämpfen sollen. Ich stehe aber heute zur zweitbesten Lösung, weil es für die erste keine Mehrheit gegeben hat.

Die Frage, was den Menschen nützt, den sogenannten kleinen Leuten, zieht sich durch das politische Leben des Josef Pühringer, geprägt schon durch das Politikverständnis des Vaters. Es gab da sogar einen väterlichen Auftrag, als Sie in die Landespolitik gekommen sind, die kleinen Leute nicht zu vergessen. Was heißt das konkret?

Das heißt, Bodenhaftung zu bewahren. Als Politiker ist man natürlich mehr mit der Oberschicht, mit den Wirtschaftsspitzen, mit den Leuten der Universitätsleitung oder den Verantwortlichen der Bildung beisammen. Das ist ganz natürlich, weil diese Personen ihre Bereiche gestalten. Aber: Du musst immer aufpassen, dass du nicht übersiehst, dass die Menschen oft etwas anderes bewegt als die Politik. Ich habe es immer sehr lustig gefunden, dass in England die Zeit zwischen der Auflösung des Unterhauses und der nächsten Wahl wörtlich übersetzt „ins Land gehen" heißt. Da haben die Abgeordneten Zeit, hinauszugehen und zu hören, was im Land los ist. Ich halte es für grundlegend falsch, wenn man das nur in der Zeit vor der Neuwahl macht. Du musst immer ins Land gehen. Wenn du nur eine Politik vom Schreibtisch aus machst, weißt du nicht, was die Leute bewegt. Du musst mit Freude hingehen, du musst jeden Tag mit den Chefs reden, du musst mit den Arbeitern reden, du musst auf den Markt gehen und mit den Leuten reden, die dort einkaufen gehen. Die Mehrzahl der Politiker weiß nicht, was ein Kilo Brot kostet, was ein Liter Milch kostet, was ein viertel Kilo Butter kostet. Aber es ist entscheidend, dass du diese Dinge weißt, damit du einschätzen kannst, wie es den Leuten wirklich geht.

Sind „kleine Leute" ein Begriff, den man noch verwenden sollte?

Nein, das ist ein Begriff, den ich nicht mehr verwende. Er ist abwertend. Aber er hat einen Symbolwert. Von der Würde

des Menschen her gesehen, auch vom christlichen Menschenbild, darf man nicht von kleinen Leuten reden. Alle sind in ihrer Würde gleich. Ich würde eher von jenen Leuten reden, die jeden Tag tüchtig arbeiten, ob als Bauer, als Arbeitnehmer, als kleiner Gewerbetreibender, die aber in den Machtstrukturen nicht präsent sind. Man muss auch aufpassen zu sagen, das sind die Anliegen der kleinen Leute. Das stimmt nicht. Wenn ein Kleiner eine kleine Sorge hat, dann ist es für ihn eine große Sorge. Weil es für ihn wichtiger ist, dass dieses Problem gelöst wird als mitzubestimmen, wie die 87. ASVG-Novelle im Parlament ausformuliert wird.

Aus der Biografie des Landeshauptmannes weiß man, dass er auch einmal die Möglichkeit erwogen hat, Priester zu werden. Was ist am Politikerberuf schöner als am Priesteramt?

Dass es keinen Zölibat gibt! *(Lacht)* Ich glaube aber, dass diese zwei Berufe sehr viel gemeinsam haben. Beide sind auf die Menschen ausgerichtet und suchen im Umgang mit Menschen Lösungen für Probleme. Der Politiker gestaltet im gesellschaftlichen Bereich, und der Priester ist Seelsorger, er geht auf Einzelmenschen zu. Ich habe tatsächlich einmal überlegt – allerdings als Kind, weil stark geprägt durch die Seelsorger im Ort –, Priester zu werden. Ich bin aber zur Überzeugung gekommen, dass für mich die bessere Verwirklichung in der Politik möglich ist. Ich konnte damals nicht wissen, ob ich jemals in der Politik aufsteige. Aber das Gestaltenkönnen, der unmittelbare Kontakt mit den Men-

Kindheitserinnerung an Traun: Pepi Pühringer hielt schon als Junior gern die Zügel in der Hand.

schen und das Mitwirken an Lösungen haben mich immer interessiert.

Gab es einen bewussten Entschluss, in die Politik zu gehen?

Diese Frage kann ich nicht beantworten. Ich bin natürlich hineingewachsen. Als 1967 die Landtagswahlen für die ÖVP verloren gegangen sind und Gleißner nur mit Unterstützung der FPÖ Landeshauptmann geblieben ist, wurde die große Parteireform ausgerufen. Mein Vater war als Stadtparteiobmann damit konfrontiert, dass keine Jungen da waren. Seine Kollegen haben gesagt: „Du hast eh einen Buben mit 18 Jahren daheim, der soll doch etwas tun." So bin ich zur Politik gekommen. Ich war damals Funktionär der Katholischen Jugend und bin das lange noch geblieben. 1973 wurden die Vorwahlen für den Gemeinderat ausgeschrieben und da wurde ich überraschend Zweiter. Schon war ich als Stadtrat in der Kommunalpolitik. Gleichzeitig bin ich dann in der Jungen ÖVP relativ schnell Landesobmann geworden.

Ab wann beginnt einen dann das Amt des Landeshauptmanns zu interessieren?

Es kann ja keiner so verrückt sein, zu sagen, das Amt des Landeshauptmannes strebe ich jetzt konsequent an. Wenn einer das tut, wird er es ganz sicher nicht. Aber natürlich, ein wenig macht die Politik süchtig. Wenn du einmal im Laufen bist, bremst du ungern. Und du siehst, dass du in der nächsten Position noch mehr steuern, noch mehr entscheiden kannst.

Wie lange vor der Übernahme des Amts als Landeshauptmann

Bundeskanzler Julius Raab dankt Pühringer jun. für ein Grußgedicht: Von Jugend an politisch geprägt.

hat der amtierende Landeshauptmann Ihnen gesagt: „Pass auf, bereite dich vor, du bist der mögliche Kandidat"?

Das hat er relativ bald immer wieder angedeutet. Und andere auch. Ich habe gewusst, dass ich eine der Möglichkeiten bin. Die sogenannte Stillschweigezeit ab dem Zeitpunkt, zu dem Ratzenböck gesagt hat, er werde mich vorschlagen, bis zu dem Zeitpunkt, da wir gewählt haben, dauerte einige Monate.

Es gab damals eine doppelte Besetzung der Kronprinzenrolle in Oberösterreich, Josef Pühringer und Christoph Leitl. Wie geht man damit um, wenn man weiß, man wird es, und der andere wird es nicht?

Christoph Leitl und mich hat immer, auch in der damaligen Situation, eine gute persönliche Freundschaft verbunden. Josef Ratzenböck hat relativ klar gesagt: „Ich schlage den Pühringer vor." Dass die Medien dann sehr stark begonnen

Mit Amtsvorgänger Ratzenböck nach der Angelobung: Er sagte „Du wirst Landeshauptmann!"

haben, vom Zweikampf zu reden, ist ihr Geschäft. An dem Tag, an dem die Nominierung gewesen ist, bin ich mit Leitl abendessen gegangen und wir haben freundschaftlich darüber geredet. Ich rechne ihm wirklich hoch an, dass er die Entscheidung vom ersten Tag an akzeptiert hat.

Gab es Ihrerseits jemals ernsthafte Ambitionen, in die Bundespolitik zu gehen?

Ab dem Zeitpunkt, zu dem ich in der Landespolitik quasi im System war, nicht mehr. Als Junger habe ich schon damit geliebäugelt. Ich erinnere mich, als 1975 Leopold Helbich als Nationalratsabgeordneter zurückgetreten ist, war ich der Listennächste. Die „Oberösterreichischen Nachrichten" haben geschrieben, der Pühringer wird Nationalrat werden. Und am nächsten Tag hat der damalige Landeshauptmann Erwin Wenzl gesagt: „Du bleibst in Oberösterreich. Du kommst in den Landtag." Ich bin Wenzl dankbar, weil für mich der Weg in die Landespolitik auch besser gepasst hat. Ich bin einer, der Gott sei Dank auf die Leute zugeht, die Leute mag und der gern unter Leuten ist. Wenn man als Nationalrat 100 bis 150 Tage pro Jahr in Wien ist, ist das nicht in diesem Ausmaß möglich.

Seit wann haben Sie ein Parteibuch der ÖVP?

Seit ich 1967 der Jungen ÖVP beigetreten bin.

Sie sind derselben politischen Fraktion gefolgt wie Ihr Vater. Haben Sie nie gegen die Weltanschauung Ihres Vaters rebelliert oder sie zumindest infrage gestellt?

Das hat es schon gegeben, aber nicht in der Form, dass ich deswegen die Weltanschauung gewechselt hätte. Als ich 1967 im Traunerhof zum ersten Mal an einer Stadtparteileitungssitzung teilgenommen habe, war mein Vater Obmann. Ich bin mit ihm ins Gasthaus gegangen, und ungefähr auf dem halben Weg hat er gesagt. „Du bist heute das erste Mal dabei, du musst dich nicht unbedingt heute schon zu Wort melden." Das war für ihn tabu. Ich habe mich gleich zwei Mal zu Wort gemeldet und habe auch nicht immer seine Meinung vertreten. Es hat aber nie eine solche Situation gegeben, dass ich gesagt hätte, jetzt gehe ich zu den Jusos oder zu den Freiheitlichen oder zu sonst irgendwem.

Die haben nicht den richtigen „Stallgeruch" gehabt?

Ich habe gerade zu den anderen Parteien immer sehr gute Brücken gebaut. Aber zwei Dinge kann ich mir auf der Welt nicht vorstellen: Erstens, dass ich aus der Kirche austrete, und zweitens, dass ich aus der ÖVP austrete.

Sie sind in die Politik gekommen zu einer Zeit, als es unbestritten war, dass die ÖVP nicht einfach Handlangerin der katholischen Kirche sein kann und die katholische Kirche nicht vor jeder Wahl für die ÖVP predigt. Was von der katholischen Weltanschauung hat Ihrer Meinung nach Platz in der Politik?

Es ist richtig, dass ich 1967 in die Politik gekommen bin, da war das „Mariazeller Manifest" der Bischofskonferenz über den Auszug der katholischen Kirche aus jeder Parteipolitik zwar längst schon offiziell, aber de facto noch keineswegs überall akzeptiert.
Ich war bei der Katholischen Arbeiterjugend. Nach deren Beschlüssen von Innsbruck, als sie sich eindeutig gewerkschaftlich links positioniert hat, bin ich ausgetreten und zur Landjugend gegangen. Ich glaube, dass das christliche Menschenbild fest in unserem Parteiprogramm verankert ist und uns heute noch prägt. Bei politischen Entscheidungen lege ich großen Wert darauf, sie auf ihre Auswirkungen für die Menschen zu hinterfragen, nicht nur auf die Auswirkungen für die Wirtschaft. Nun wird jeder sagen, das tut seine Partei auch. Nur haben wir uns mit dem „hohen C" die Latte etwas höher gelegt. Ich sehe das als eine Selbstbindung und nicht als Alleinvertretungsanspruch. Ich kann keiner politischen Bewegung absprechen, dass sie sich bemüht, im Sinne christlicher Grundsätze Politik zu machen. Aber wir haben als einzige Partei in unserem Programm, dass wir das tun wollen. Damit sind wir daran auch messbar. Das ist der Unterschied.

Aber es geht um das C für „christlich" und nicht um das K für „katholisch"?

Es geht um das C und nicht um das K, das ist klar. In unserem Programm steht nicht, dass wir ein katholisches, sondern dass wir ein christliches Menschenbild haben. Das Christlichsoziale müssen wir in konkreten Entscheidungen beweisen. Wir sind eine Partei, die ihre Entscheidungen nach den Prinzipien der Personalität, der Solidarität und der Subsidiarität trifft. Daran muss man uns erkennen. Deswegen sehe ich die Sozialpolitik in der ÖVP nicht als ein Anhängsel einer Wirtschaftspartei, sondern als Herzstück unserer Politik.

Woher kommt die Demokratiebejahung des Josef Pühringer? War sie von Anfang an da?

Das war nie eine Frage. Es gibt zur Demokratie keine Alternative, und ist sie noch so mühsam. Wer die Geschichte des 19. und des 20. Jahrhunderts kennt, kann nur Demokrat sein.

Jüngste Umfragen zeigen, dass immer mehr Menschen, vor allem auch junge, sich eine Einschränkung der Demokratie zugunsten eines „starken Mannes" vorstellen können, der nicht lange Landtage oder ein Parlament befragen muss, um notwendige Entscheidungen zu treffen. Was kann man gegen eine solche Erosion des Demokratieverständnisses tun?

Erstens halte ich die Umfragen nicht für glaubwürdig. Die sind zu relativieren. Aber natürlich ist das eine nicht ungefährliche Entwicklung. Wenn die Politik nicht in der Lage ist, die Probleme der Menschen zu lösen, wenn durch unendliche Debatten die Leute den Eindruck bekommen, es wird nur parteipolitisch herumtaktiert, dann entstehen solche Frustrationen. Fast bin ich geneigt, mit Kreisky zu antworten:

„Schaut einmal in die Geschichtsbücher!" Es kann doch nicht sein, dass man sich 60 Jahre nach dem Ende eines schrecklichen Diktators, der einmal als „kleiner starker Mann" begonnen hat, so etwas wieder wünscht. Was ist aus der Geschichte herauszulesen? Der starke Mann ist gekommen, weil die Probleme der Menschen nicht mehr lösbar waren, weil die Leute keine Arbeit, keine Wohnung, zu wenig Einkommen gehabt haben zum Überleben. Das dürfen wir nicht mehr zulassen. Vollbeschäftigung, Ausbildung für die Jugend, leistbares Wohnen – die Grundbedürfnisse für die Menschen muss die Politik abdecken.

Oberösterreich hat diese Vergangenheit, wie es scheint, besser aufgearbeitet als Gesamtösterreich. Da wird immer noch über den „Ständestaat" zwischen 1934 und 1938 heftig gestritten, während Heinrich Gleißner, der in dieser Zeit Landeshauptmann war, 1945 neuerlich als solcher gewählt wurde und sich ungeheures Ansehen erwarb.

Gleißner hat ja auch seine politischen Fehler, bevor er wieder zum Landeshauptmann gewählt wurde, einbekannt und er ist einer der tadellosesten Demokraten in der Zweiten Republik geworden. Ein Beispiel anderer Art war die verstorbene Dichterin Gertrud Fussenegger, die offen zugegeben hat, dass sie eine gewisse Zeit eine Verblendung gehabt, dieser aber abgeschworen hat und eine glühende Demokratin geworden ist. Also, ehrlich gesagt, dass Dollfuß kein glühender Demokrat war, darüber zu diskutieren wäre dumm, auch von einem ÖVPler. Aber man muss dazusagen, dass die Demokratie in allen Ländern Europas damals nicht hoch im Kurs stand und die Erste Republik eine solche war, „die keiner wollte". Bei uns gibt es Gott sei Dank im Land einen hohen Konsens, was den Nationalsozialismus anlangt. Zweistellige Millionenbeträge haben wir für diese Aufarbeitung ausgegeben, und nun haben wir als neues Riesenprojekt des Landesarchivs für fünf Jahre die Aufarbeitung der Zeitgeschichte in der Ersten Republik in Angriff genommen.

Das Thema der Aufarbeitung der Geschichte geht doch irgendwo davon aus, dass Menschen und auch Parteien immer rational handelnde Gebilde wären. De facto erleben wir aber, dass gerade in unseren Parteien die Zwischenkriegszeit hoch emotional besetzt ist. Die Sozialdemokratische Partei trägt noch immer die Narben der damaligen traumatischen Verwundungen, und die ÖVP sieht sich immer wieder in die Rolle gedrängt, eine Schuld zu übernehmen, die sie eigentlich nicht übernehmen will. Wie kommt man aus dieser emotionalen Sicht heraus?

Indem man erstens die Klärung der offenen Fragen der Wissenschaft überlässt und den Mut hat, daraus richtige Konsequenzen zu ziehen. Ich habe mein Problem mit dem Begriff der Vergangenheitsbewältigung. Die Vergangenheit ist gelaufen, die kann ich nicht mehr bewältigen. Was ich tun kann, ist, aus der vergangenen Zeit die richtigen Schlüsse zu ziehen, als Schwarzer, als Roter, als Blauer. Man kann eine Entscheidung nie ohne den Zeitgeist und ohne die damaligen Ereignisse beurteilen. Keiner von uns weiß, wo er selbst wirklich gestanden wäre in der damaligen Situation. Wir reden uns verdammt leicht, wenn wir die Gnade der späten Geburt haben.

In der SPÖ machen die Toten des Februar 1934 einen großen Teil ihrer antifaschistischen Identität aus.

Auch auf unserer Seite – und das wird von den Sozialdemokraten zu wenig gesehen – haben die damals Verantwortlichen die Gefahr des Nationalsozialismus gesehen und wollten ihm die Stirn bieten. Sie haben gesehen, dass mit der Demokratie nichts mehr weitergeht, und das in den meisten Ländern in Europa, die alle in Richtung autoritärer Systeme gegangen sind! Die Sozialdemokraten sehen nur den Endpunkt und nicht die Entwicklung davor. Ich bemühe mich, beides zu sehen. Ich bin der Letzte, der Dollfuß verdammt, ich bin aber auch der Letzte, der sagt, dass die Entscheidung zur Ausschaltung des Parlaments richtig war.

In Oberösterreich steht also außer Streit, dass es diesen häufig diskutierten antifaschistischen, antinationalsozialistischen Grundkonsens gibt. Wo gibt es denn noch einen Grundkonsens?

Der antinationalsozialistische Grundkonsens ist unbestritten. Ich sage auch noch, alle Parteien haben grundsätzlich einen Grundkonsens in der Demokratiefrage. Ich glaube nicht, dass jemand die Demokratie infrage stellt. Ich glaube auch, dass es derzeit einen breiten Grundkonsens in der Landespolitik überhaupt gibt: sprich Wirtschaftspolitik, sprich Arbeitsmarktpolitik, sprich Krisenbekämpfung usw. Alle Konjunkturpakete wurden einstimmig beschlossen. Ich sehe auch keine großen Differenzen in den Prioritäten wie Arbeitsplätze, Bildung, soziale Sicherheit. Ich kann mir nicht vorstellen, dass das irgendwer nicht unterschreibt.

Politisch also wurden Sie schon in früher Jugend sozialisiert. Aber woher haben Sie die Ausdauer, die Nachhaltigkeit in politischen Anstrengungen bezogen? Wo haben Sie Ihre Rhetorik gelernt?

Das weiß ich auch nicht. Wenn du in der Gemeindepolitik beginnst und in einer so aussichtslosen Minderheit bist wie die ÖVP damals in Traun, musst du deine Anliegen relativ gut vorbringen, damit sie überhaupt ernsthaft gehört werden. Noch gar nicht davon zu reden, dass sie diskutiert werden. Das heißt, das war eine gute Schule. Eine brutale Schule, weil es damals fast nur Zweidrittelmehrheiten gegeben hat. Du hast damit leben müssen, dass jede Idee, auch wenn sie gut war, abgelehnt worden ist und ein halbes Jahr später von der Mehrheit eingebracht wurde als deren eigene. Das war eben so. Aber dadurch lernst du, lange zu ringen, ob die Lösung, die du vorschlägst, richtig ist. Wenn du davon überzeugt warst, hast du gelernt, sie konsequent durchzutragen, dich nicht abbringen zu lassen von einem Kurs. Das habe ich in der Landespolitik genauso erlebt. Die großen Entscheidungen, die ich treffen musste, waren auch nicht so, dass ich gesagt habe: „Ja, so machen wir es", und die Geschichte war gelaufen. Das war weder bei der Pyhrn-Autobahn noch beim Musiktheater oder bei anderen wichtigen Fragen so. Da hast du auch sagen müssen: „Prüfen wir, wenn sich eine Idee findet." Wenn die Prüfung positiv verlaufen ist, dann musst du zu etwas stehen. Dann musst du reden und kämpfen. Das kann aber auch danebengehen.

Das ist dann keine weltanschauliche Frage mehr, sondern eine Frage der Durchsetzung.

In der Landespolitik fallen sowieso rund 98 Prozent der Beschlüsse einstimmig. Am Ende des Tages zählt, ob die Lösung richtig ist und wie sie durchgesetzt wird. Für eine nicht durchgesetzte Lösung kriegst du keinen Cent. Du musst die

Gerhard Haderer karikierte ihn einmal als Bitzelhäferl:
„Eine kräftige Überzeichnung, aber ..."

Probleme lösen und dabei die Leute weitgehend einbeziehen, damit sie nicht den Eindruck haben, der will nur durchsetzen, was er sich selbst in den Kopf gesetzt hat. Aber irgendwann kommt der Augenblick, wo du einen Schlussstrich ziehen musst. Sonst kommst du nie zu einer Entscheidung. Nie. Dann musst du sagen, das schlage ich der Regierung oder dem Landtag vor.

Hat die Schule Ihnen geholfen, als Politiker erfolgreich zu werden? In welchen Gegenständen hat die Schule zur Politik von heute etwas beigetragen?

Ich hatte einen exzellenten Deutschprofessor, der aufs Reden genau so viel Wert gelegt hat wie aufs Schreiben. Das war ein großer Geschichtskenner, und einer, der uns fasziniert hat, auch in seiner Art Lehrer zu sein. Ich habe in Deutsch meistens ein „Sehr gut" gehabt. Einmal habe ich zwei Schularbeiten auf ein „Sehr gut" gehabt, die dritte auf einen Vierer; die habe ich verhaut. Im Zeugnis ist trotzdem ein „Sehr gut" gestanden. Ich bin dann zum Lehrer gegangen und habe gesagt: „Herr Professor, das kann nicht stimmen." Sagt er: „Glaubst du, ich habe nie einen schwachen Tag? Einmal ist keinmal. Wenn du drei Vierer schreibst, dann ist das etwas anderes. Aber du hast jetzt immer einen Einser geschrieben und einmal einen Vierer, das vergesse ich." Die meisten anderen hätten dividiert und nachgerechnet. Solche Erlebnisse bleiben. Außerdem hat er gesagt: „Die Leute müssen reden und schreiben können." Ab der ersten Klasse, also ab dem fünften Jahrgang, haben wir eine Rede halten müssen. Ich kann mich gut erinnern, dass ich meine erste über Leopold Figl gehalten habe. Nicht zu vergessen auch unser Direktor, der „große" Hofrat Schilling – er hat uns auch sehr geprägt.

Ist Nachsicht etwas, mit dem auch Ihre Mitarbeiter oder Funktionäre rechnen können? Die Nachsicht eines schlechten Tages?

Ich kann leicht einmal explodieren, aber ich weiß es eine Stunde später nicht mehr.

Alles wirklich vergessen oder nur abgelegt?

Nein, ich bin nicht nachtragend. Ich gebe aber zu, dass ich von meinen Mitarbeitern wahnsinnig viel verlange. Ich kenne bei mir selber keine Uhr und setze das auch bei meinen Mitarbeitern voraus. Wahrscheinlich überfordere ich sie manchmal damit, aber nachtragend bin ich nicht.

Es gibt zwei Beschreibungen, die auf Sie immer wieder angewendet werden. Die eine: Er ist ein „Energiebündel", für die andere wird der oberösterreichische Begriff des „Bitzelhäferls" verwendet.

Als Bitzelhäferl hat der Karikaturist Gerhard Haderer mich einmal beschrieben.

Stimmen die Beschreibungen mit Ihrer Selbstwahrnehmung überein?

Das mit dem Bitzelhäferl ist eine kräftige Überzeichnung. Gerhard Haderer hat mir nach einem langen gemeinsamen Abendessen gesagt: „Wenn ich Sie schon länger gekannt hätte, hätte ich Sie wahrscheinlich anders dargestellt." Ich bestreite aber nicht, dass ich emotional bin und relativ schnell auflaufen kann. Aber, ehrlich gesagt, wenn ich das einmal nicht mehr tu, dann bin ich nicht mehr der Josef Pühringer. Dann gehe ich in die Richtung Wurschtigkeit, und das will ich eigentlich nicht. Mir ist es lieber, es sagt mir einer ins Gesicht: „Du bist ein Esel", als er redet eine Viertelstunde um den Brei herum und sagt zu fünf anderen: „Der Josef Pühringer ist ein Esel." Ich bin da mehr für das Direkte. Wenn ich einmal keine Emotionen mehr zeigen darf, ist es gescheiter, ich begebe mich ins politische Museum.

Bei wem holt sich denn der Politiker Pühringer Rat?

Bei allen, die mir einen geben wollen. Ich lehne keinen guten Rat ab. Ich diskutiere die Politik meist auch mit meiner Frau, und das ist, gebe ich zu, wieder ein Problem, denn der Prophet im eigenen Land …

Das heißt, sie ist sehr kritisch?

Sie ist kritisch, natürlich. Und das gilt für alle meine politischen Wegbegleiter. Ich bin kein Mann einsamer Entschlüsse. Ich halte aber sehr viel vom politischen Prinzip: lange diskutieren, aber dann klar entscheiden! Ich versuche immer, ein relativ breit angelegtes Spektrum einzubeziehen. Da bin ich beim deutschen Bundeskanzler Konrad Adenauer, der gesagt hat: „Der Politiker muss dem Volk vorangehen, aber nur so weit, dass er von den Leuten noch gesehen wird!"

Der Karikaturist Gerhard Haderer redet immer vom Landesvater Pühringer. Wo findet sich dieser selbst am ehesten: als Landesvater, Landestrainer, Landesteamchef, Landesführer?

Den „Führer" streichen wir gleich einmal. Mir gefällt eigentlich am besten der Ausdruck des Teamchefs. Das trifft, glaube

Hört auch auf Ehefrau Christa: „Kritisch wie andere Wegbegleiter".

ich, am ehesten auf mich zu. Der Teamchef muss wissen, was er will. Er muss aber bereit sein, auf vernünftige Vorschläge des Teams einzugehen, und er muss vor allem das Team immer wieder fordern. Die Zeit der Solisten ist vorbei. Gefragt ist die Gesamtleistung. Der Solist ist wichtig, aber wenn er sich nicht in die Gesamtleistung einbringt, funktioniert das nicht.

Auch wenn der Landeshauptmann Pühringer in gewissem Sinn doch ein Solist ist, denn wenn man sich die Bekanntheitswerte in Oberösterreich anschaut, dann liegen die Landesräte weit abgeschlagen hinter ihm …

Ein Landesrat mit Spezialaufgaben hat nicht die Profilierungsmöglichkeiten, die ein Landeshauptmann hat. Außerdem hat Österreich schon noch so etwas wie ein bisschen eine Verherrlichung für Spitzenpositionen, gerade beim Landeshauptmann. Ich wehre mich immer, wenn ich als Landesfürst bezeichnet werde. Aber das ist einfach noch da. Ich habe in den drei Jahrzehnten meiner politischen Tätigkeit gesehen, dass jene Politiker nicht erfolgreich waren, die ihre Aufgabe nur als Moderatoren wahrgenommen haben. Irgendwann musst du sagen, was zu tun ist, und wenn du den Weg bis dorthin halbwegs vernünftig gestaltet hast, dann sind auch jene, die nicht deiner Meinung sind, bereit, eine Entscheidung zu akzeptieren.

Was auch politisch nicht besonders interessierten Zeitgenossen auffällt: Der Landeshauptmann Pühringer ist unheimlich präsent, immer und überall anzutreffen. Welche Strategie steckt da dahinter?

Diese Präsenz ist nicht einer Egomanie zuzuschreiben. Ohne Einladung gehe ich nirgends hin. Ganz im Gegenteil, ich kämpfe damit, dass ich ungefähr 80 Prozent der Einladungen, die ich erhalte, nicht annehmen kann. Ich sehe das irgendwie als Auszeichnung, wenn die Menschen einen Politiker dabei haben wollen, und ich glaube, dass in den meisten Fällen meine Präsenz Motivationscharakter hat. Wenn ich bei der Feuerwehr, beim Roten Kreuz, bei Jugend-, Sport- oder Kulturinstitutionen oder bei einem Ball in Erscheinung trete, dann bin ich dort, um Wertschätzung und Anerkennung zu zeigen.

Kehren wir noch einmal zurück zu Ihrer Feststellung, dass Sie in politischen Fragen auch mit Ihrer Frau diskutieren. Christa Pühringer unterscheidet sich von Anneliese Ratzenböck, der Frau Ihres Vorgängers, in der Auffassung ihrer Rolle als Frau des Landeshauptmanns deutlich. Sie tritt wesentlich weniger an der Seite des Landeshauptmanns öffentlich auf, hat auch keine Funktionen in politiknahen Organisationen übernommen, die den Goldhaubenfrauen ähnlich wären. Ist sie ein neuer Typ Politiker-Ehefrau?

Anneliese Ratzenböck und Christa Pühringer kann man nicht vergleichen. Wenn eine Familie im Entstehen ist und die Kinder im Pflichtschul- oder noch im Vorschulalter sind, wie im Fall meiner Frau, ist die Rolle der Frau eine andere, als wenn das schon vorbei ist, wie es bei Anneliese Ratzenböck war, als ihr Mann Landeshauptmann wurde. Punkt zwei: Meine Frau ist in einer Reihe von Organisationen tätig, aber losgelöst von mir. Es war ihr immer ein Anliegen, dass sie nicht als Anhängsel des Landeshauptmanns gesehen wird. Das war auch die Anneliese Ratzenböck nie. Meine Frau war im Elternverein, sie ist in der Pfarre und in einer Reihe von Sozialvereinen tätig. Und sie wollte auch – und das ist zu akzeptieren – einen eigenen beruflichen Weg gehen.

Schauen Sie manchmal neidvoll auf Barack Obama, der Michelle als seine Politik unterstützende Ehefrau an der Seite hat?

Wo ich den klaren Wunsch äußere, begleitet und unterstützt mich meine Frau selbstverständlich. Aber ich akzeptiere, dass sie auch ihre eigenen Schwerpunkte setzt. Und ich bin unendlich dankbar, dass sie die Rolle der Erzieherin zu Hause übernommen hat.
Als ich 1995 Landeshauptmann geworden bin, war die älteste Tochter fünf Jahre, der Bub dreieinhalb, und das dritte Kind ist gekommen, als ich schon Landeshauptmann war. Wenn einem die Ehefrau den Rücken freihält, wenn man zu Hause im Wesentlichen von konkreten Verpflichtungen befreit ist, ist das sehr wertvoll, selbst wenn man als Vater auch in einer solchen Situation eine gewisse Schlüsselfunktion zu erfüllen hat.

Was haben die Kinder des Politikers Pühringer vom Vater gelernt?

Der jüngste Sohn ist noch zu klein für Politik. Die Tochter ist engagiert wie einst der Vater in der Katholischen Jugend und in der Jungen ÖVP. Der ältere Sohn ist eher dem Sport zugetan, er ist Handballer. Ich habe auf beide älteren Kinder keinen Druck ausgeübt, zur ÖVP zu gehen, aber er hätte mich natürlich ein bisschen gekränkt, wenn es anders gekommen wäre. Jedoch haben beide Kinder mit fünfzehn, sechzehn

Jahren aus freien Überlegungen mir irgendwann beim Frühstück den Mitgliedsausweis hingelegt: „Vater, dass du dich freust …“

Und er hat sich gefreut.

Der Vater hat sich gefreut, das ist überhaupt keine Frage. Der Vater hätte es aber auch akzeptiert, wenn sie gesagt hätten: „Du, ich kann damit nichts anfangen!“

Politikerkinder haben ja manches Mal kein einfaches Leben, weil sie die Beliebtheit oder Nichtbeliebtheit ihres Vaters mitleben. Welche Erfahrungen haben da die Pühringer-Kinder gemacht?

Ich habe, glaube ich, drei oder vier Mal meine Tochter am Samstag von der Mittelschule abgeholt. Und sie hat zu mir gesagt: „Papa, steig' nicht aus dem Auto! Es braucht kein Mensch zu sehen, wer mich abholt!“
Und der Vater ist jedes Mal ausgestiegen, weil er jedes Mal Bekannte gesehen hat. Und jedes Mal habe ich eine Standpauke bekommen beim Heimfahren. Ich kann mich auch erinnern, wie der Bub heimgekommen ist und gesagt hat: „Sag' einmal, wieso hängst du in jeder Schule, in jedem Büro?“ Da habe ich ihm das halt erklärt. Ich glaube, dass wir das auf Betreiben meiner Frau und mit meiner Grundeinstellung den Kindern schon leichter gemacht haben als manche andere. Sie waren immer Kinder wie alle anderen und haben auch selber einen Riesenwert darauf gelegt.

Zurück zu den Wurzeln. Welche Zeitungen haben Sie schon relativ früh gelesen? Welche Bücher?

Bei den Zeitungen ist es klar: „Volksblatt“, „Oberösterreichische Nachrichten“ und „Kirchenzeitung“. Die haben wir daheim gehabt. Bücher habe ich gelesen wie alle anderen: Karl May, die Kriminalromane von Agatha Christie und vieles mehr.

Gab es für Sie prägende Philosophen, Theologen oder Dichter?

Bei den Theologen würde ich Karl Rahner nennen. Natürlich auch Kardinal König, die ganze Bewegung rund um den Linzer Pastoraltheologen Ferdinand Klostermann und Otto Mauer, den Freund und Förderer vieler Künstler, und nicht zu vergessen den belgischen Kardinal Joseph Cardijn, den Begründer der internationalen Katholischen Arbeiterjugend. Der hat mich mit seinem Dreischritt des Sehens – Urteilens – Handelns sehr stark geprägt. Ich sage oft: „Freunde, schaut euch die Dinge an, macht euch darüber Gedanken und dann, bitte, eine Entscheidung.“ Das ist ein Grundprinzip, das wir damals gelernt haben, das mich bis heute prägt.

Das ist politiktauglich?

Ja. Johannes XXIII. hat es dann später neu übersetzt, indem er gesagt hat, Entscheidungen müssten gesellschaftsgerecht und menschengerecht sein. Man muss, was der Mensch vertreten kann und was die Gemeinschaft vertreten kann, in eine Balance bringen.

Wodurch wurden Sie von Ihrem Vater besonders geprägt und worin schlägt sich das Erbe der Mutter nieder?

Ich will mich da nicht mit Goethe vergleichen, aber sein Spruch „Vom Vater hab' ich die Statur, des Lebens ernstes Führen, vom Mütterchen die Frohnatur und Lust zu fabulieren" ist irgendwie auch bei mir zutreffend. Der Vater war Funktionär in der Kirche, in der ÖVP, in der Wirtschaftskammer, die Mutter war eher die Besorgte. Ich bin zwar dem Vater nachgeraten, habe aber viele Eigenschaften von der Mutter.

Irgendwann wird auch für Sie die Zeit des Abschieds aus der Politik kommen. Wie sehen Sie dem entgegen?

Gute Frage. Das kann ich, ganz ehrlich, erst am dritten oder vierten Tag, nachdem ich weg bin, sagen. Ich glaube, dass ich keinen Pensionsschock haben werde, und ich glaube, dass ich mich auch mit der Rolle als Landeshauptmann außer Dienst abfinden werde. Ich werde Lebensqualität gewinnen. Ich habe einen großen Freundeskreis. Und ich sehe für mich viele Möglichkeiten freiwilliger Betätigungen. Wie sich die Abstinenz von der Macht persönlich auswirkt? Heute habe ich keine Angst davor, überhaupt nicht. Wenn ich morgen in Pension ginge, würde ich mich einen Tag hinsetzen und aufschreiben, was ich alles tun will. Ich brauche dann wahrscheinlich eine Prioritätenliste. Aber ob ich darunter leiden werde oder ob ich einen Identitätsverlust erleide, das sage ich Ihnen drei Monate, nachdem ich in Pension gegangen bin.

Das Handwerk der Macht

2.

Protektion, Mehrheitswahlrecht, Allparteienregierung, Jugend, Frauen, Grauslichkeiten ...

Das Wort des katholischen britischen Historikers und Schriftstellers Lord Acton wird seit bald 200 Jahren zitiert: „Macht korrumpiert, absolute Macht korrumpiert absolut.“ Im Umkehrschluss könnte man sagen: Auch demokratisch übertragene Macht korrumpiert. Welchen Versuchungen solcher Art ist ein Landeshauptmann ausgesetzt?

Ich kann mir nichts vorstellen, wodurch mich einer korrumpieren könnte.

Wenn Parteifreunde kommen und sagen, dem musst du einen Job geben oder die musst du unterbringen, auch wenn man weiß, dass diese Personen nicht optimal geeignet sind?

Auf dieser Ebene ist das natürlich ganz etwas anderes. Da bin ich im Lauf der Jahre zur Erkenntnis gekommen, dass ungerechtfertigte Interventionen einen immer einholen. Ich unterstütze jeden und jede gern, wenn sie Unterstützung verdienen, aber ich möchte, ehrlich gesagt, nie dafür verantwortlich gemacht werden, dass ich als Partei jemanden wo hinsetze, wo es einen Besseren gibt. Am unangenehmsten sind Spitzenpositionen, die mit schwachen eigenen Leuten besetzt sind. Daher bin ich hier, ehrlich gesagt, extrem vorsichtig.

Stellen wir einen Gegenbegriff in den Raum, den des Vertrauens in die Politik. Warum geht dieses Vertrauen immer weiter zurück? Gibt es einen Ansatz zur Selbstkritik bei einem Landespolitiker?

Zum Ersten kann ich da mit einer gewissen Schelte für die Medien nicht zurückhalten. Dass die schlechten Nachrichten halt die großen, die kräftigeren sind, ist ein Faktum, und wenn ich mir anschaue, wie ein und dieselbe Tatsache von den Medien verschieden dargestellt wird … Ein Landesrechnungshofbericht wurde einmal so übertitelt: „Strukturelle Zukunftsprobleme, aber geordnete Finanzen". Eine andere Zeitung hat darüber geschrieben: „Großes Finanzdebakel in Oberösterreich". Die Medien haben da schon eine gewisse Rolle. Zum Zweiten müssen wir uns noch intensiver bemühen, uns auf das Wesentliche in der politischen Debatte zu konzentrieren. Ich glaube, dass die Politik gut beraten ist, wenn sie öfter die Frage nach den wirklichen Themen stellt, die die Menschen bewegen.

Man gewinnt manches Mal ohnehin den Eindruck, dass der Umgang mit Meinungsumfragen ganz zentral in den Parteien ist. Dass ständig jedes und alles abgefragt und aufgrund dieser sehr oft sehr wenig aussagekräftigen Ergebnisse Politik gemacht wird.

Es stimmt, die Meinungsforscher können noch so oft Unrecht haben, aber sie bleiben im Kurs, weil jede Partei immer wissen möchte: Wie liegen wir mit den Themen? Und dann wird mit der Meinungsforschung auch Politik gemacht. Ich wäre zum Beispiel durchaus dafür, dass man sagt: Vier oder sechs Wochen vor der Wahl darf es keine Veröffentlichung von Meinungsumfragen mehr geben! Wie oft ist schon knapp vor einer Wahl ein Kopf-an-Kopf-Rennen vorausgesagt worden, um

Leute zur Wahl zu bringen, die dann ein klares Ergebnis brachte?!

Also da geht es um die Frage, wer wie viele Stimmen haben wird. Das ist das eine. Das andere ist die Frage nach den Inhalten. Wie funktioniert die beim Politiker Pühringer? Wie viel Einfluss hat Meinungsforschung auf seine Politik und wie viel das, was er von den Wählerinnen und Wählern direkt hört?

In der Regel ist es schon so, dass viel von dem, was die Menschen sagen, in der Meinungsforschung wiedergegeben wird. Es wäre eine Lüge, wenn ein Politiker sagen wollte, die Meinungsforschung interessiere ihn nicht. Wenn ich ein heikles Thema habe, sage ich auch: Fragt das ab! Aber die entscheidende Frage für mich bleibt: Ist das die richtige Lösung? Wenn ich der Überzeugung bin, die richtige Lösung zu haben, dann kann mich auch ein Meinungsforschungsergebnis nicht sofort aus der Bahn werfen.

Da gibt es doch ein Beispiel, dass der Landeshauptmann mit Erfolg gegen ein Meinungsforschungsergebnis gehandelt hat.

Gegen das Meinungsforschungsergebnis und gegen die größte Zeitung des Landes habe ich beim Bau des Kraftwerks Lambach gehandelt. Ich will das jetzt nicht erneut aufwärmen, weil das Thema abgeschlossen ist, aber damals war das konkret so. Es hat nicht wenige gegeben, die gesagt haben: „Tu das nicht, du bekommst zu viele Gegner …“ Und dann wurden auch noch Skelette gefunden und es wurde zunächst vermutet, es handle sich um NS-Opfer, was sich als falsch herausgestellt hat. Das war eine fürchterliche Zeit. Und auch die Neuplanung des

Musiktheaters nach der negativ ausgegangenen Volksbefragung war wieder ein Risiko. Aber es hat sich gezeigt, dass es ab dem Zeitpunkt, da wir den Spatenstich gemacht und schöne Bilder hergezeigt und Computersimulationen gemacht haben, eine klare Mehrheit gab. So war es auch seinerzeit beim Brucknerhaus. Hier beginnt die Verantwortung. Alle wissen ganz genau, dass solche Einrichtungen wichtig sind, auch wenn sie nur von einem relativ kleinen Prozentsatz genützt werden. Da muss man konsequent seiner Überzeugung folgen.

Das geht aber oft bei bestem Willen nicht. Demokratie kommt ohne Kompromisse nicht aus. Die Einstellung der Österreicherinnen und Österreicher ist dazu zweischichtig. Einerseits sind die meisten harmonie- und konsenssüchtig. Andererseits verbinden viele mit „Kompromiss" auch „faul": Der faule Kompromiss, das ist ein Geschäft hinter den Kulissen. Wo neigen Ihrer Erfahrung nach die Leute mehr hin, zur Konsenslösung oder zu dem nach ordentlichen Regeln ausgetragenen Konflikt?

Wenn das Wahlvolk keine absoluten Mehrheiten an Wahltagen ermöglicht, dann ist der Kompromiss das Alltägliche, denn es wird sich keine Partei den Willen einer anderen aufzwingen lassen, wenn diese auch keine Mehrheit hat. Es will ja jede Partei in der politischen Entscheidung an ihrer Handschrift erkannt werden. Das ist auch legitim. Ich bin gegen die Verteufelung des Kompromisses. Kompromiss heißt, dass ich mehrere Meinungen einsammle und versuche, den größten gemeinsamen Nenner zu finden. Gefährlich wird es dann, wenn der Kompromiss zum kleinsten gemeinsamen Nenner wird. Dort ist die Grenze, dann bin ich wahrscheinlich am Ende einer Koalition.

Ist das nicht auch eine Frage der politischen Kultur? In Ländern wie etwa den Niederlanden sagt man sich: Wenn wir den kleinsten gemeinsamen Nenner erreichen, haben wir schon viel erreicht, weil möglichst viele Gruppen eingebunden wurden in eine Entscheidung. Das ist eine grundsätzlich andere politische Kultur als bei uns, wo die Parteien oft versuchen, von ihren Positionen auch auf dem Weg der Konfliktaustragung möglichst viel durchzubringen.

Ja, das hängt mit der Parteienlandschaft zusammen. Wenn ich in einem Land bin mit sehr vielen Parteien, dann habe ich es beim Konsens sehr, sehr schwer – anders als in Österreich, wo es in der Regel so ist, dass zwei Parteien ausreichen, um eine Mehrheit zu bekommen. Der kleinste gemeinsame Nenner ist deswegen immer schlecht, weil in Wahrheit beim kleinsten gemeinsamen Nenner alle unzufrieden sind, aber alle in Gottes Namen dann ja sagen, weil sonst nichts entschieden wird.

Müssen wir uns nicht auch in unserem Land auf politische Zeiten einstellen, in denen wir eher mit dem kleinsten gemeinsamen Nenner zu rechnen haben? Ist es realistisch, in Zukunft von einer Zwei-Parteien-Realität auszugehen?

Ich sage, diese Entwicklung möchte ich nicht. Die sogenannten „italienischen Verhältnisse“ halte ich für keine gute Entwicklung. Da bin ich eher dafür, dass man über Elemente eines Mehrheitswahlrechtes nachdenkt, die klare Entscheidungen ermöglichen. Entscheidungen, in die fünf verschiedene Parteien einbezogen werden – das kann zehnmal gut gehen. Aber eigentlich will jeder sich in der Entscheidung finden, und dann wird diese an Profil verlieren. Es ist nicht undemokratisch, das politische System so zu gestalten, dass Mehrheitsentscheidungen erleichtert werden. Ich glaube, dass die Politik an Akzeptanz verliert und die Wahlbeteiligung radikal zurückgeht, wenn wir in die Richtung der faulen Kompromisse gehen, in die alle eingebunden werden müssen.

In dem vom Politikwissenschaftler Klaus Poier herausgegebenen Band „Demokratie im Umbruch?" referieren namhafte Autoren über in- und ausländische Modelle zum Thema Mehrheitswahlrecht. Fazit: Es gibt eine Reihe unterschiedlicher Möglichkeiten! Sollte da nicht auch für Oberösterreich eine darunter sein?

Ab dem Zeitpunkt, da wirklich das politische Taktieren so weit geht, dass wichtige Entscheidungen nicht getroffen werden, wird sich diese Frage einmal stellen. Gott sei Dank findet man bisher am Ende des Tages immer noch einen möglichst brei-

Mit Landesrat Rudolf Anschober: „Schwarz und Grün personifizieren die ökosoziale Marktwirtschaft."

ten Konsens. Solange es funktioniert, bin ich auch dafür. Wenn es aber ein wirklich fauler Kompromiss wird, dann wird man, ich sage nicht über ein Mehrheitswahlrecht, aber über Mehrheiten stärkende Elemente im Wahlrecht nachdenken müssen. Wir haben ja zum Beispiel in den Ländern sehr verschiedene Wahlordnungen. Das gehört meines Erachtens auch vereinheitlicht.

Ist es denkbar, dass man in Oberösterreich mit den Sozialdemokraten Gespräche führt, die Verfassung zu ändern in Richtung eines Mehrheit fördernden und Minderheiten nicht vernichtenden Wahlrechts?

Das glaube ich nicht, dass dazu Bereitschaft besteht – abgesehen davon, dass das auch nicht ginge, weil ja das Wahlrecht auf Landesebene nicht enger sein kann als das Bundeswahlrecht. Also wir könnten in unsere Landesverfassung Mehrheiten fördernde Elemente nicht einbauen. In Oberösterreich stellt sich die Frage überhaupt nicht so intensiv, weil wir eine sogenannte Allparteienregierung haben. Ab dem Punkt, an dem eine Partei eine gewisse Stärke im Landtag hat (fünf oder sechs Mandate, also zwischen neun und zehn Prozent der Stimmen), hat sie Anspruch auf einen Sitz in der Landesregierung. Ich kann sie als Landeshauptmann von der Regierung nicht ausschließen. Es stellt sich dann die Frage, mit wem mache ich eine Koalition, und zweitens, wo habe ich nach der Wahl die größte Übereinstimmung in den Fragen, die ich lösen will?

Was heißt das in der Praxis? Nur wenige Bürger können sich vorstellen, was es heißt, in der Regierung zu sein, aber nicht in der Koalition.

In der Praxis heißt das, dass ich nach dem oberösterreichischen Wahlrecht – das ist gar nicht so unwahrscheinlich – nach der nächsten Landtagswahl vier Parteien nicht nur im Landtag, sondern auch in der Regierung haben könnte. Da kann man der Meinung sein, dass das richtig ist, aber ich habe immer die Auffassung vertreten, dass das eigentlich das demokratische Grundprinzip, das Spiel zwischen Regierung und Opposition, ad absurdum führt.

Was kann eine Partei, die nicht in der Koalition, aber in der Regierung ist, in der Politik der Landesregierung beeinflussen?

So wie wir es machen, eigentlich schon sehr viel. Diese Partei hat weitgehende Rechte und wird nur in seltenen Fällen überstimmt, das darf man nicht übersehen. Rund 99 Prozent der Beschlüsse der Landesregierung werden einstimmig gefällt! In der Zeitung stehen immer nur die wenigen Entscheidungen, die nicht einstimmig sind. Wenn es zu einem Konflikt kommt, braucht man die Mehrheit. Zu diesem Zweck wird eine Koalition überhaupt gebildet.

Wenn in der Landesregierung für Beschlüsse eine Mehrheit genügt, könnte man ja gleich sagen, man braucht bei 99 Prozent einstimmig gefassten Beschlüssen überhaupt keine Koalition, für das verbleibende eine Prozent sucht sich die Mehrheitspartei jeweils einen Partner – einmal Grün, einmal Rot, einmal Blau oder Orange. Wozu also wirklich Koalition?

Das System schließt die Möglichkeit ein, dass der Landeshauptmann mit seiner Partei überstimmt wird. Das beschädigt seine Autorität und verleitet dazu, dem Landeshauptmann aus taktischen Gründen wiederholt eine Niederlage zuzufügen, unabhängig davon, ob das eine gute oder schlechte Entscheidung ist. Dem baut man durch Koalitionen vor.

Zurück zum Beruf des Politikers: Wann ist das Volk als Auftraggeber der Politiker von diesen ernst zu nehmen, wann nicht?

Am Wahltag entscheidet nur der Auftraggeber. Aber ängstlich nur herumhorchen, was das Volk will, führt zu keinen Entscheidungen. Es ist schon wahnsinnig schwierig, in einer Mediengesellschaft mit all ihren Widersprüchen einen konsequenten politischen Weg zu gehen. Ich bin aber der ganz festen Überzeugung, wenn man seine politischen Positionen wechselt wie die Unterwäsche, dann wird man nicht erfolgreich sein. Ich sage, dass ich Positionen mit Begründung dann und wann verändern kann. Der berühmte deutsche Bundeskanzler Konrad Adenauer hat seinerzeit gemeint: „Wer hindert mich daran, heute gescheiter zu sein als gestern?" Politik darf nicht nur tun, was gut ankommt, sondern sie muss tun, worauf es ankommt. Das ist manches Mal undankbar. Aber am Ziel wirst du bestraft und belohnt dafür, ob du Politik falsch oder richtig machst. Der deutsche „Wende"-Bundeskanzler Helmut Kohl hat zu mir einmal gesagt: „Du wirst es nicht glauben, am besten war ich, als ich die Wahl verloren habe, denn das ist mir erst bei der nächsten Periode zugute gekommen!"

Aber diesen Bonus der Niederlage hat der Landeshauptmann Pühringer noch nicht …

Das wollte ich auch nicht. Aber wir haben einen großen Vorteil in Oberösterreich: die sechsjährige Landtagsperiode. Da kann man die Dinge doch etwas langfristiger angehen. Es hat genügend Leute gegeben, die gesagt haben: „Sepp, lass die Finger vom Musiktheaterbau! Fang nicht ein zweites Mal damit an!" Und ich habe gewusst: Für die kulturelle Identität des Landes und auch für die Faktoren, die einen erfolgreichen Wirtschaftsstandort ausmachen, ist das ein wichtiger Punkt. Ich gebe es gerne zu, dass ich nicht Stunden, sondern Tage und Nächte überlegt habe, ob ich das zum jetzigen Zeitpunkt tun soll – Spatenstich ein Jahr vor der Wahl! Aber letztendlich bin ich zu der Überzeugung gekommen, es ist richtig, und siehe da, das Blatt hat sich gewendet! Medien, die heftig gegen das Theater im Berg angeschrieben hatten, was in Wahrheit vielleicht noch eine bessere Lösung gewesen wäre, sind jetzt ununterbrochen dahinter, dass es schneller gehen sollte!

Wie viele Ihrer oberösterreichischen Mitbürgerinnen und Mitbürger kennen Sie schätzungsweise mit Namen?

Schon sehr, sehr viele. Das kann man trainieren, und es ist ja auch eine Gnade, wenn man sich Namen merkt. Entscheidend ist, dass das für mich keine Belastung ist. Oder sagen wir ehrlich: 90 Prozent der Fälle sind keine Belastung. Ich mag die Leute. Ich hab' überhaupt kein Problem, unter die Leute zu gehen. Ich war kürzlich in einer Gemeinde, in der ich als Landeshauptmann noch nie war. Auch das gibt es, ungefähr 35 Gemeinden, die werde ich noch alle besuchen. Dafür war ich in anderen 20- oder 30-mal. So ist das halt.

Wie kommt man an junge Menschen heran, die zu Veranstaltungen weniger gerne kommen als ihre Väter?

Dinge langfristig angehen: Das Führungsteam (v.l.n.r.) Michael Strugl, Josef Stockinger, Viktor Sigl, Josef Pühringer, Franz Hiesl, Angela Orthner.

Wir haben mit 18.000 organisierten Mitgliedern die stärkste Parteijugendorganisation. An sie komme ich heran, indem ich dort hingehe, wo junge Menschen sind. Das war wirklich lustig vor kurzem, als ich eine Nacht lang mit der Funkstreife mitgefahren bin. Die Polizisten waren von den Socken, als junge Leute von einer ihrer Veranstaltungen auf mich zugegangen sind, ein Gruppenfoto gemacht haben – sie hatten überhaupt kein Problem damit. Ich habe mich, ehrlich gesagt, auch gewundert. Junge Leute für die Politik zu begeistern, ist momentan wirklich sehr schwer. Ich halte auch Vorträge an Schulen, spreche über politische Bildung oder diskutiere mit Studenten der Berufspädagogischen Akademie über Altenpflege, Pflegeheime etc. Auf der Ebene der Landespolitik komme ich noch eher an sie heran als mit Bundespolitik.

„Jugend und Politik" – ein schwieriges Kapitel für alle Parteien. Aber ist nicht „Frauen und Politik" eine noch größere Heraus-

forderung für die Volkspartei? Es gibt innerhalb der ÖVP, was die Erstellung von Wahllisten angeht, de facto eine Quotenverpflichtung, also einen Beschluss der Partei, mit dem man sich auf eine Frauenquote festgelegt hat. Aber die Nichterfüllung bleibt folgenlos.

Es gibt eine Quote für die Nominierung, die halte ich auch für richtig. In demokratische Wahlen aber greifen wir nicht ein. Das heißt: Bei einer parteiinternen Wahl müssen von den Nominierten 40 Prozent Frauen und 10 Prozent unter 30 Jahren sein. Wie viele dann die Delegierten wählen und nicht wählen, ist ihre Sache. Wir haben Bezirke, die haben über 50 Prozent Frauen gewählt, und andere unter 40 Prozent. Wer die meisten Stimmen hat, ist vorne. Aber die Chancen müssen angemessen verteilt sein.

Gibt es innerhalb der Partei einen Frauenförderplan?

Den gibt es. Ich hoffe, dass man das am Tag nach der Kandidatenaufstellung gemerkt hat. Das ist gar nicht so einfach. Ich habe jetzt mit aller Mühe die erste Bezirksparteiobfrau Anni Eisenrauch in Wels. Wir haben die erste Bürgermeisterin in einer Bezirksstadt, in Grieskirchen, Maria Pachner. Wir haben erstmals in der Geschichte die Fraktionsführerin im Linzer Gemeinderat, Elisabeth Manhal. Da bricht schon einiges auf. Als ich gekommen bin als Landeshauptmann, waren im Landhaus fünf Prozent Frauen in Führungspositionen, in den letzten fünf Jahren ist es schon ein Drittel. Also es gibt Veränderungen! Es gibt auch den Grundsatz der „positiven Diskriminierung“, also Bevorzugung einer Frau bei Stimmengleichheit. Wie ein Wanderprediger marschiere ich von

Bezirk zu Bezirk und sage: „Frauen, Jugend berücksichtigen!" Und zwar nicht deswegen, um irgendwelche Prozentsätze zu erfüllen, sondern weil es sinnvoll ist, dass Frauen in den Entscheidungsgremien sind. Sie haben einen anderen Zugang zu Entscheidungen, ein anderes Blickfeld, eine andere Sichtweise.

In der Zeit Ihres Heranwachsens gab es noch kaum Frauen in der Politik.

Das stimmt. Wen ich wirklich unheimlich geschätzt habe, war Grete Rehor. Das war die erste Sozialministerin unter ÖVP-Bundeskanzler Josef Klaus. Ich habe sie vorher überhaupt nicht gekannt. Diese Frau marschierte hinein in eine Männergesellschaft, übernahm das Ressort und hat sich behauptet, sodass sie sich in kürzester Zeit einen Namen gemacht hat.

Was hat es ausgemacht, dass sie sich behauptet hat?

Erstens hat sie einen starken Mentor gehabt, der gesagt hat: „Ich habe sie nicht gerufen, um sie dann im Regen stehen zu lassen." Das war Josef Klaus, ein von mir bis heute hochverehrter Mann, den ich bis zu seinem Tod jedes Jahr einmal in seinem Altenheim in Wien besucht habe. Und zweitens, weil sie gesagt hat: „Das will ich", und gewusst hat, sie darf nicht überziehen und so die Sachen zustande gebracht hat. Wesentlichste Erneuerungen des ASVG sind damals passiert.

Es gibt natürlich auch viele Frauen, die sagen: „Ich kann mir nicht vorstellen, diesen Einsatz, den man zum Beispiel an einem

Landeshauptmann sieht, zeitlich zu leisten, denn ich habe Familie und andere Verpflichtungen." Muss Politik so ablaufen, mit dieser Verpflichtung rund um die Uhr?

Das ist wie beim Generaldirektor einer Firma. Du musst damit rechnen, dass es gewisse Positionen gibt, die ein absoluter Fulltimejob sind. Jeder, der höhere Funktionen mit 40 Wochenstunden erledigen möchte, wird gnadenlos scheitern. Ich bin aber der festen Überzeugung, dass es vom Gemeinderat bis zum Landtagsabgeordneten möglich sein muss, Familie und Politik in Einklang zu bringen. Dafür gibt es auch eine Menge Beispiele.

Wann wird es die erste Landesrätin der ÖVP geben?

Je früher, umso besser. Je besser das Wahlergebnis, umso leichter. Das Grundproblem diesmal ist, dass wir vier Landesräte haben, die alle in der Beurteilung der Bevölkerung sehr gut liegen. Die kann ich und die will ich auch nicht austauschen.

Gibt es persönliche, nicht nur formelle Kontakte des Landeshauptmannes zu Personen anderer Parteien, über das Maß der beruflichen Begegnung hinaus?

Selbstverständlich! Ich glaube, dass ich mit dem Bürgermeister der Stadt Linz ein exzellentes Verhältnis habe, auch wenn er von einer anderen Partei ist. Ich glaube nicht, dass er etwas anderes sagen würde. Ich bin mit einigen von den Grünen sehr gut. Ich habe da überhaupt keine Berührungsängste. Das gilt auch für die Regierungsebene. Da habe ich Feinschliff gemacht mit dem Sozialminister Erwin Buchinger, mit dem ich das Thema Grundsicherung in meinem Büro in Linz erledigt habe, weil ich keine Zeit hatte, nach Wien zu fahren. Natürlich rede ich auch mit meinem SPÖ-Stellvertreter jederzeit, wenn es erforderlich ist. Auch mit Ursula Haubner vom Bündnis Zukunft Österreich (BZÖ) habe ich ein sehr gutes Verhältnis oder auch mit Günther Steinkellner von der FPÖ.

Was muss passieren, dass man sich Josef Pühringer zum Feind macht?

Unredlichkeit, Unehrlichkeit, Falschheit, unfaire Methoden … Die ganze Geschichte rund ums Musiktheater war so eine Sache. All die Emotionen, die für die kleinen Leute da aufgeputscht worden sind, wie „Du armer Hund, du zahlst mit deinem Gehalt das Theater, in das du nie gehen wirst!“, das hat mich schon relativ verärgert. Oder: Beim letzten Wahlkampf die Märchen, die man rund um die VOEST aufgeführt hat, etwa „Die Russen kaufen alles…“, im Wissen, dass es nie so sein wird, nie! Wider besseres Wissen so etwas zu behaupten, weil man sagt, das geht rein und da kann ich anderen damit schaden … Oder alles, was ins Persönliche geht. Sie werden mich nicht erwischen, und ich bin über 30 Jahre Politiker, dass ich irgendwann ins Persönliche oder unter die Gürtellinie gegangen bin. Das tu ich nicht. Dass ich damals ziemlich ang'fressen war, bestreite ich nicht.

Und womit muss man rechnen, wenn man Josef Pühringer zum Feind hat?

Feind würde ich gar nicht sagen. Ich würde sagen: zum Gegner. Denn ich kann, das traue ich mich auch heute sagen, ich kann mit jedem in der Landespolitik vernünftig verhandeln. Das gilt wirklich für alle. Ich habe immer versucht, über alle tagespolitischen Streitereien und auch über alle Untergriffe hinweg eine Grundgesprächsbasis zu erarbeiten. Einen Grund für Gesprächsbereitschaft muss es immer geben. Wenn ich den nicht mehr bieten kann, dann bin ich als Landeshauptmann falsch am Platz.

Das heißt, es gibt niemanden, mit dem der Landeshauptmann keine Gesprächsbasis hat?

Den gibt es dezidiert nicht.

Wenn man so lange in politischen Funktionen ist, ist man natürlich auch ein Machtpragmatiker geworden, man kennt das „Geschäft" sehr gut. Wo sind denn die Skrupel angesiedelt bei Josef Pühringer, wenn es um Machtausübung geht?

Generell bin ich der festen Überzeugung, dass der Zweck nicht alle Mittel heiligt. Und ich lehne es ab, zur Lüge oder zur Unwahrheit zu greifen. Ich mache keine Aussagen im Stil einer Heiligsprechung. Die Wahrheit ist eine Tochter der Zeit, sie wird differenziert gesehen und das ist auch richtig. Aber jemand anderem etwas zu unterstellen, von dem ich überzeugt bin, das es falsch ist, das tu ich nicht, auch wenn es politisch etwas bringen könnte. Die Dinge sind immer relativ, es geht immer auch um die Frage der Einschätzung und Bewertung. Ich glaube, von mir behaupten zu können – und das wird von manchen auch als Schwäche gesehen – , dass ich prinzipiell zuerst im anderen das Positive sehe, und erst wenn mich der andere enttäuscht, ändere ich mein Urteil. Skrupel habe ich auch immer dann, wenn es ins Persönliche geht. Ich traue mich zu sagen, dass ich mich in 30 Jahren Landespolitik nie durch die Zuträger persönlicher Verunglimpfungen versuchen habe lassen, ein politisches Foul zu begehen.

Wie groß ist die Distanz des Landeshauptmanns Pühringer zu anderen Parteien? Wo gibt es eine Nähe? Wo kann man sagen, da stimmen wir weitgehend überein?

Es gibt sicherlich bei den Linksparteien in den Grundpositionen der Wirtschaft eine differenzierte Sicht. Alle, die jetzt in der Krise nach neuerlicher Verstaatlichung rufen, mit denen komme ich nicht zusammen, weil ich zu sehr die Ereignisse der 1980er-Jahre in Oberösterreich kenne und weiß, was die Verstaatlichung in diesem Land angerichtet hat. Es gibt sicher einen breiten Konsens in der sozialen Verantwortung. Einen breiten Konsens. Es gibt sicherlich eine Differenzierung im Sozialbereich, in der Pflegefrage, wo wir eher die ambulante Lösung, also die mobile Pflege, in den Vordergrund stellen und nicht so sehr die stationäre. Es gibt Differenzen auch im Bereich Bildungspolitik, wo ich mit Überzeugung für ein differenziertes Bildungssystem eintrete und nicht für die Einheitsmodelle – freilich nicht ohne die notwendige Toleranz, dass man sagt, es sollen Schulversuche sein im Land. Wenn sie bessere Ergebnisse bringen, dann müssen wir diese anerkennen. Unterschiede sehe ich auch in der Familienpolitik, aber nicht so schwerwiegende, wie es manche darstellen.
Hinsichtlich der FPÖ darf man nicht vergessen, dass die meisten Landtagsbeschlüsse nicht nur mit Grün und Rot, sondern auch mit den Freiheitlichen gefasst wurden, ich

schätze bis zu 80 Prozent. Es gibt Übereinstimmung in weiten Feldern der Wirtschaftspolitik, in Teilfeldern der Sicherheitspolitik. Es gibt Übereinstimmung in der Familienpolitik, in Teilfeldern der Sozial- und der Bildungspolitik. Die Frage ist, wie hoch Strache einer FPÖ, die bisher in Oberösterreich eher einen gemäßigten Weg gegangen ist, die Latte legen und sagen wird:
„Ihr müsst da gewisse Grauslichkeiten vertreten …"

Wo ist die Grenze der Grauslichkeiten für die ÖVP?

Dort, wo meines Erachtens Politik mit christlich-sozialen Prinzipien nicht mehr vereinbar ist. Das gilt für alle Parteien: dort, wo ein Verhalten eindeutig in die Kategorie Hetze gegen Menschen läuft. Aber ich werde ganz sicher einen Fehler nicht machen, weder jetzt noch in Zukunft, dass ich einer Partei wie der FPÖ den Gefallen erweise, sie zu Märtyrern zu machen, indem ich sie einfach brutal ausgrenze. H.C. Strache lebt ja davon, dass er sagt: „Ich bin ein armer Teufel, alle grenzen mich aus, und die Oberösterreicher probieren es jetzt auch wieder" – das kommt ganz sicher bei mir nicht!

Wo hat Schwarz-Grün gut zusammengepasst? Wo gibt es Differenzen?

Schwarz-Grün ist die personifizierte ökosoziale Marktwirtschaft. Ich habe am Beginn der Periode gesagt, wenn die Grünen eine Spur ökonomischer und die Schwarzen eine Spur ökologischer werden, dann wird das Experiment sich an einem Punkt treffen, wo es für das Land positiv ist, und ich glaube, das ist auch eingetreten. Differenzen gibt es in weltanschaulichen Fragen. Der Vorteil einer Landeskoalition ist, dass diese Themen nicht auf der Ebene der Landespolitik ausgetragen werden müssen. Wir müssen uns hier nicht über Homo-Ehe und linke Umverteilungsprobleme unterhalten, das nimmt uns die Bundespolitik ab. Hinsichtlich Stärkung demokratischer Elemente in der Landtagsgeschäftsordnung haben wir mit allen Fraktionen einen Konsens gefunden.

Gibt es überhaupt etwas, das mit der SPÖ ginge?

Natürlich. Ich schließe die große Koalition selbstverständlich nicht aus. Wir haben sie auch beim letzten Mal nicht ausgeschlossen. Aber dass der Wahlkampf 2003 nicht dazu angetan war, sie nahezulegen, hat man schon 14 Tage vor der Wahl gesehen.

Weil wir von links und rechts gesprochen haben – wie brauchbar sind diese Begriffe in der Politik heute noch? Kann man mit solchen Etikettierungen überhaupt noch etwas anfangen?

In Wahrheit drängen alle in die Mitte. Jeder möchte gerne in der Mitte sein. Ich bin der Meinung, dass wir als ÖVP den Platz dort besetzt haben. In der SPÖ ist jetzt ein Prozess im Gang, wieder linker zu werden, die haben ein Profilproblem. Und wenn ich mir manche Reden anhöre, wie „Weg mit der Goldhaubenkultur in Oberösterreich …", sind das alles eigentlich Wahrheitseingeständnisse: Wir haben uns zu viel verbürgerlicht und wir haben denen zu viele Zugeständnisse gemacht! Die Freiheitlichen probieren in zwei Fragen – in der Anti-EU-Kampagne und in der Ausländerpolitik – eindeutig von der Mitte weg in die rechte Position abzuwandern. Ich unterstelle ihnen, dass sie dort hingehen in dem Wissen, dass man so die Probleme nicht lösen kann. Die Probleme kannst du nur in der Mitte lösen und nie am Rand. Extreme, links oder rechts, haben immer nur Probleme geschaffen, nie gelöst.

Ist das nachweisliche Schwinden der Glaubwürdigkeit von Politik eine Folge der politischen Auseinandersetzung, der politischen Kultur, oder gibt es da noch andere Faktoren?

Da gibt es sicherlich viele Faktoren. Zum einen sind es Personen wie der einstige steirische Arbeiterkammerpräsident, bei denen Reden und Handeln nicht vereinbar sind. Das Zweite ist, dass – offensichtlich auch ein wenig von den Medien gefördert – die politische Auseinandersetzung wesentlich härter wird. Ein sogenannter Zwang zur Profilierung muss heute oft kritisch gesehen werden im Hinblick auf die Qualität der Entscheidungen. Ich bin auch heute für mehr Gelassenheit zugunsten von Qualität. Wir sollten uns nicht so treiben lassen von der veröffentlichten Meinung. Das Problem mit ihr ist, dass manchmal die schnelle Lösung veröffentlicht wird, ehe die richtige Lösung sichtbar wird …

Der Politikwissenschaftler Peter Filzmaier hat vor einiger Zeit gesagt, zwischen Politik und Medien gebe es so etwas wie eine Inzestöffentlichkeit – man schaukelt sich gegenseitig hoch und die Frage ist: Wie interessant ist das überhaupt noch für die Bevölkerung?

Das ist eine Definition, die der Sache sehr nahekommt. Und beide Seiten beklagen das, aber der Prozess wird fortgeführt. Ich kann mich kaum an einen Tag erinnern, an dem ich nicht mit Journalisten geredet habe. Das ist auf der einen Seite durchaus positiv, aber beide sollten sich nicht so unter Druck setzen lassen. Politiker müssten den Mut aufbringen, zu sagen: „Diese Dinge sind noch nicht ausgereift." Ein Koch bringt auch dem Gast das Essen nicht, wenn er damit nicht fertig ist. Wir tun das häufig, weil sich der Politiker einen Vorteil erwartet, wenn er der erste Informant ist – und weil der Journalist dir auch ganz kühl sagt: „Wenn ich es von Ihnen nicht erfahre, irgendwo kriege ich es!" Du kannst dir schon einen Berg von Schwierigkeiten machen, wenn du eine gute Geschichte einem bestimmten Medium gibst und einem anderen nicht! Das zusammen erzeugt einen Druck, der für die Qualität der Politik nicht gut ist.

Es gibt natürlich auch Medienkritiker, die der Politik sagen: Ihr seid selber schuld, ihr habt einfach die Bildung von Medienkonzentration nicht verhindert. Österreich wird de facto ja von einigen Mediengiganten beherrscht. Was kann Politik heute noch für die Erhaltung von Medienvielfalt tun?

Die Landespolitik relativ nichts. Wir können ein bisschen etwas tun im Bereich der Qualitätssicherung, indem wir die Journalistenausbildung fördern etc. Aber die wirkliche Gratwanderung findet heute auf europäischer Ebene statt, ein demokratiepolitisch sehr sensibles Kapitel.

Spürt man bei der Suche der Medien nach Inserenten einen gewissen politischen Druck? – „Wenn du mir kein Inserat gibst, wirst du es bedauern!"

Das würde ich verneinen.

Bildung und Kultur

3.

Lebenslanges Lernen in differenzierten Schulen und Kunst als notwendige Provokation

Wir haben einen heftigen Schulstreit erlebt, der medial hoch emotional ausgetragen worden ist. Am Ende hatte sich eigentlich nichts oder nur wenig verändert. Manche glauben, die Schule sei überhaupt nicht reformierbar, weil es zu starke beharrende Kräfte gibt, nicht zuletzt im Bereich der Personalvertretung. Herr Landeshauptmann Pühringer, Sie sind auch Landesschulratspräsident von Oberösterreich, wo kann man ansetzen?

Die jüngste schulpolitische Diskussion war von Beginn an zum Scheitern verurteilt. Wenn ich in Österreich die Schule reformieren will, dann kann ich sie nur mit und nicht gegen die Lehrer reformieren. Kein Unternehmen kann ein neues Unternehmenskonzept verwirklichen, wenn die Mitarbeiter nicht mit im Boot sind.

Der Kardinalfehler der Ministerin war, dass sie die Mitarbeiter erstens wissen hat lassen: „Ihr seid Minderleister, ihr könnt ruhig zehn Prozent mehr arbeiten bei gleichem Gehalt." Und zweitens hat sie signalisiert: „Lest eine Zeitung, dann wisst ihr, was ich will." So handelt man nicht. Ich glaube, dass die österreichische Schule gut ist, dass sie aber ununterbrochen weiterentwickelt werden muss. Das ergibt sich schon aus der Aufgabenstellung. Wir leben in einer Welt des raschen Wandels: Alle fünf Jahre verdoppelt sich das Wissen der Menschheit, heißt es. Daher muss sich, wenn sich die Welt verändert, auch die Schule verändern. Sonst habe ich eine Welt des Jahres 2020 und Menschen des Jahres 1980. Diese ständige Weiterentwicklung schaffe ich, indem ich mir alle Player ins Boot hole. Ich habe den Eindruck, die Mitarbeiter im Bildungsbereich sind grundsätzlich dazu bereit. Wir brauchen einen Paradigmenwechsel. Die Schule stellt derzeit zu häufig die Frage an den Schüler. „Was kannst du nicht und wie beheben wir deinen Mangel?" Und stellt zu wenig fest: „In diesem Fach bist du ausgezeichnet. Wie können wir deine sehr gute Leistung in einem anderen auch zu einer ausgezeichneten machen?" Schule beschäftigt sich zu sehr mit den Mängeln und fördert zu wenig Talente und Fähigkeiten.

Was müsste geändert werden? Die Lehrpläne, die Struktur oder die Gesetze?

Ich glaube, das Grundprinzip des schulischen Erfolges müsste neu definiert werden. Ich kenne einen Schüler, dem haben zehn „Sehr gut" von 14 Noten nichts genützt, er ist wegen des Verfehlens von zwei Punkten bei der Nachprüfung in Mathematik durchgefallen. Das kann nicht die Schule des 21. Jahrhunderts sein! Wenn jemand exzellent ist, zum Beispiel in Sprachen, dann sollte er dort einen Bonus bekommen, der es ihm erlaubt, irgendwo anders nicht so exzellent zu sein. Ich würde die Erfordernisse einer Matura so differenzieren, dass einer entweder überall 80 Punkte machen kann, dass es aber auch möglich sein müsste, dass er irgendwo 100 oder 120 macht und dafür in anderen Bereichen bei 60 das Limit schafft. Ich glaube, das würde die Freude an der Schule erhöhen. Es ist meines Erachtens weit gescheiter, wenn ein Sprachentalent sich dort auslebt und Höchstleistungen bringt, als dass ich ihn auch in Physik oder Chemie bis zur achten Klasse quäle.

Kann eine Zentralmatura das fördern?

Ich habe etwas Skepsis bei einer Zentralmatura, weil es auch keine Zentrallehrer gibt. Jeder Lehrer legt das Schwergewicht auf andere Dinge. Der Landesschulrat hat aber sehr wohl die Aufgabe, ein gleiches Niveau bei der Matura zu gewährleisten.

Diese Idee der Bonuspunkte wurde von Ihnen unter dem Titel Talenteausgleich präsentiert.

Wobei ich klarstellen möchte, dass ich nicht der Allgemeinbildung eine Absage erteile. Ich will nicht, dass einer, der die Matura in Österreich macht, überhaupt nichts von Mathematik versteht, von Physik, von Französisch oder von Latein. Die Frage ist immer, wo setze ich das Ziel der Allgemeinbildung fest? Andreas Salcher, der Autor des Buches „Der talentierte Schüler und seine Feinde", hat meines Erachtens einiges richtig erkannt, wenngleich ich bei weitem nicht alle seine Ansichten teile. Viele Kinder, besonders solche mit musischen Begabungen und einseitig hoch entwickelten intellektuellen Fähigkeiten, scheitern in unserem Schulsystem schon sehr früh und haben nie die Chance, an eine Universität zu kommen. Ihre Talente gehen unserer Gesellschaft verloren. Henry Grunwald, der ehemalige „Time"-Chefredakteur und dann US-Botschafter in Österreich, war ein geborener Wiener und hat das Gymnasium Stubenbastei in Wien besucht. Er hatte ausgesprochen schlechte Noten. Bei einem Besuch bei Helmut Zilk sagte er: „Die Schule in Österreich hat sich immer auf das konzentriert, was ich nicht konnte. In den USA hat man darauf geschaut, was ich konnte." Das bringt es auf den Punkt.

Im System der Bonuspunkte müssten Lehrer mehr als bisher im Kollegium zusammenarbeiten.

Das ist sicher notwendig. Schule muss aber auch immer messbar, gerecht und nachvollziehbar sein. Es kann nicht sein, dass Lehrer ohne Kriterien von Fall zu Fall entscheiden. Das muss klar definiert werden. Zum Beispiel: Welchen Notenwert oder welchen Punktewert muss ein Schüler in seinen Begabungsbereichen erreichen und auf wie viele Punkte kann man im Ausgleich in anderen Bereichen verzichten?

Wird es das Sitzenbleiben nach diesem Modell noch geben?

Das wird es sicher geben, wenn man die Lernziele nicht erreicht. Ich will nicht, dass es generell zu einer Nivellierung kommt. Manche meinen, wir müssten unsere derzeitige Maturantenquote von 42, 43 Prozent weiter erhöhen. Die Gesellschaft braucht aber auch gute Facharbeiter. Das System „Lehre mit Matura" haben wir in Oberösterreich sehr erfolgreich eingeführt. Statt der erwarteten 300 haben sich bereits im ersten Jahr 1.800 Schüler dafür gemeldet. Die Frage ist, was diese beruflich ausgebildeten Schüler mit Matura im Anschluss machen werden? Werden sie einen Maturajob anstreben oder werden sie im Beruf bleiben? Für mich fängt der Mensch nicht erst bei der Matura an. Ein guter Fliesenleger, ein guter Bauarbeiter, ein guter Spengler und ein guter Mechaniker werden in der Gesellschaft mindestens so gefragt sein wie ein guter Absolvent einer Allgemeinbildenden Höheren Schule.

Immer mehr hochqualifizierte junge Leute, sogar Universitätsabsolventen, bekommen keinen Posten oder fangen mit einem pre-

kären Arbeitsverhältnis an. Verbessert Bildung tatsächlich die Chancen auf dem Arbeitsmarkt?

Ihrer Meinung kann ich nicht ganz folgen. Unter den Arbeitslosen in Oberösterreich haben wir einen kleinen Prozentsatz Höchstausgebildeter. Manche von ihnen haben Probleme in den sozialen Kompetenzen. Manche haben eher exotische Studienrichtungen oder solche, die man in der Krise wenig braucht, absolviert. Das Gros der Arbeitslosen sind unterdurchschnittlich Gebildete. Das sind jene vier bis sechs Prozent, rechnet man die Migranten dazu, zehn Prozent, die nicht mehr als einen Pflichtschulabschluss haben oder manchmal nicht einmal diesen. Diese Gruppe ist zu groß. Bildung verteilt die Lebenschancen. Wir wissen außerdem, dass diejenigen, die arbeitslos werden, aber über eine relativ gute Ausbildung verfügen, weit kürzer arbeitslos sind als jene ohne Schulabschluss oder nur mit einem Pflichtschulabschluss.

Die Kritik am herrschenden System sagt, die Trennung der Zehnjährigen in verschiedene Schultypen sei zu früh und werde weder den Entwicklungsschritten der Kinder noch der Integration zum Beispiel von Migrantinnen und Migranten gerecht.

Das ist eine Grundsatzfrage. Ich habe vorgeschlagen, die Volksschule um ein bis zwei Jahre zu verlängern. Ich halte das für einen besseren Weg als die gemeinsame Schule der Zehn- bis Vierzehnjährigen. Ich glaube, es ist gut, wenn man den Zeitpunkt der Entscheidung über den Bildungsweg nach der Volksschule mit elf oder zwölf Jahren ansetzt. Ich bin kein Reformverweigerer, sondern habe mich dafür eingesetzt, dass wir in Oberösterreich mehr als 20 Versuche mit der Neuen

Mittelschule haben. Ich lehne es aber ab, über Schule mit ideologischen Scheuklappen zu diskutieren. Ich persönlich bin von einem differenzierten Schulsystem überzeugt. Differenziert heißt aus meiner Sicht eine Eingangsstufe von fünf bis sechs Jahren und eine Unterscheidung mit etwa zwölf Jahren.

Dazu kommt das verpflichtende Kindergartenjahr.

Die Fünf- bis Sechsjährigen beginnen mit dem verpflichtenden Kindergarten. Das ergebe zusammen mit der verlängerten Volksschule sieben Jahre Grundbildung. Dann kann man auffächern. Ich glaube, es muss darum gehen, was das Beste für das Kind ist, nicht für eine Partei oder sonst irgendwen.

Österreichische Schülerinnen und Schüler schneiden bei internationalen Vergleichen nicht so gut ab, dass man sagen könnte, unser System sei anderen Systemen vorzuziehen. Worin liegt das Unglück, wenn ich erst mit 14 die Schüler nach ihren Begabungen differenziere?

Ich halte das für kein Unglück, meine aber, dass eine Differenzierung mit 12 Jahren den Fähigkeiten und Talenten der Heranwachsenden mehr entspricht.

Besonders gesellschaftlich besser gestellte Kreise wollen ihr Kind unbedingt im Gymnasium haben und wenden oft viel Geld auf, um es „durchzupeitschen". Wer kein Geld hat, kann seine Kinder nicht durchpushen.

Wenn wir die Nachhilfe abschaffen, entleeren wir die höheren Schulen. Das weiß ich auch aus persönlicher Erfahrung.

Nachhilfe also nicht abschaffen?

Es wäre schon richtig, dass man an die Eltern appelliert, die Kinder nicht zu überfordern. Aber ich verstehe auch Eltern, die alles für ihr Kind probieren. Dass man manchmal das Beste will, aber für das Kind nicht das Beste tut, ist Faktum.

Könnte die Ganztagsschule einen Beitrag zur Verbesserung der Chancen aller leisten?

Die Ganztagsschule ist dort, wo sie gebraucht wird, ein legitimes Mittel, Probleme zu lösen. Ich halte aber nichts davon, sie zur verpflichtenden Regel zu erheben. Eines meiner Kinder hat zu mir gesagt: „Papa, du kannst mir nichts Ärgeres antun, als wenn ich den ganzen Tag in der Schule bleiben muss." Man soll das als Angebot sehen, aber ohne verpflichtenden Charakter. Denn sonst zerstört man auch Strukturen. Wann gehen die Kinder in eine Musikschule? Wann gehen die Kinder zur Jungschar oder zu den Kinderfreunden oder wohin auch immer?

Beim Thema Zugang zur Bildung gibt es zwischen SPÖ und ÖVP immer wieder ideologische Differenzen. Wir hatten das Thema Studiengebühren an den Universitäten. Jetzt gab es vom ÖVP-Bildungssprecher Werner Amon die Idee, für höhere Schulen wieder Aufnahmsprüfungen einzuführen. Warum tritt die ÖVP immer für eine Einschränkung der Zugangsfreiheit zur Bildung ein?

Ich habe mich dem Amon-Vorschlag nicht angeschlossen. Aber ich glaube, dass eine Zugangskontrolle zur höheren

Bildung im Interesse der Schule und im Interesse der Schülerinnen und Schüler gewährleistet sein sollte. Wir haben nicht nur das Problem der überehrgeizigen Eltern, wir haben auch das Problem der sich überschätzenden Kinder. Wenn wir uns anschauen, wie viele in den ersten drei Jahren im Gymnasium durchfallen, dann ist es im Interesse der Kinder, besser zu prüfen, wer wofür geeignet ist. Es ist frustrierend, wenn man nach einem Jahr oder nach zwei Jahren zurück in die Hauptschule muss. Ich glaube nur, dass die Aufnahmeprüfung nicht der geeignete Weg ist. Ich würde dem Urteil der Lehrer, die die Kinder vier oder fünf Jahre begleitet haben, eine etwas höhere Bedeutung beimessen als einer einmaligen punktuellen Prüfung.

Ist Oberösterreich ausreichend mit Schulen ausgestattet?

Seit kurzem brauchen wir, wenn ich von regionalen Wünschen absehe, keine neuen Schulen mehr. Wartezeiten oder eine Ablehnung mangels Plätze gibt es nicht mehr. Wir haben in den letzten acht Jahren zehn höhere Schulen gebaut. Wir haben fünf Höhere Technische Lehranstalten (HTL) gebaut und haben heuer zum ersten Mal auf einigen HTL freie Plätze. Da machen sich die geburtenschwächeren Jahrgänge bereits bemerkbar.

Wie viel bringt die Überprüfbarkeit von Leistung in der Schule? Wie wichtig sind Standards?

Ich gehe wieder von meiner Grundüberlegung aus: Was muss Schule sichern? Schule muss Wissen, Werte und Orientierung vermitteln, desgleichen soziale Kompetenz, dazu gehören

Teamfähigkeit und Gemeinschaftsfähigkeit. Schule muss Schwache fördern. Schule muss aber auch, und das ist ein vernachlässigter Bereich, Talente erkennen und fördern. Ein Talent nicht zu erkennen und nicht zu fördern ist genauso „sündhaft“, wie einem Schwächeren keine Unterstützung zu geben. Schule muss Leistungsfreude erzeugen, also nicht Schulleid und Arbeitsleid. Viele dieser Anforderungen an Schule lassen sich nicht messen. Das ist ganz klar. Deswegen sind sie aber nicht unwichtiger. Aber wenn ich zur Leistungsbereitschaft und zu einer gewissen Wettbewerbsfähigkeit im positiven Sinn erziehen will, muss ich den Schüler auch wissen lassen, wie seine Leistung ausschaut. Dabei landen wir immer bei Noten oder Punkten, weil es wahrscheinlich nichts Besseres gibt. Die immer wieder forcierte schriftliche Beschreibung der Leistung halte ich für extrem problematisch. Worte bieten weit mehr Interpretationsspielraum als Noten. Ich stelle dem den schon ausgeführten Talenteausgleich gegenüber.

Braucht man die europäische Standardisierung von Wissen und Bildungserwerb, Stichwort PISA-Studie, tatsächlich?

Ich halte nur sehr begrenzt etwas davon. Es gibt eine Reihe von Untersuchungen, bei denen wir ganz unterschiedlich abschneiden. Wo immer unsere Schüler zu Wettbewerben hinfahren, kommen sie mit Medaillen heim. Unser größtes Problem sind jene fünfhundert Lehrlinge, die wir zu Schulschluss nicht unterbringen. Das sind die, die wirklich schwach sind. Wenn der Jahrgang 16.000 Jugendliche umfasst, ist die Hälfte ungefähr in höheren Schulen und die Hälfte in der dualen Ausbildung als Lehrlinge.

Was macht man mit diesen lernschwachen Lehrlingen?

Wir haben für sie verschiedene Modelle der Teillehre, der Anlehre, der Berufsfindungskurse und so weiter geschaffen. Das ist ziemlich teuer. Wenn in Kürze die Geburtenjahrgänge mit 12.000 und 13.000 jungen Menschen aus der Pflichtschule kommen und es nur mehr 5.000 Lehrlinge gibt, wird die Wirtschaft vielleicht die Schwächeren auch nehmen. Aber für ein paar Hundert werden wir immer Sondermodelle in der Ausbildung brauchen, um auch ihnen eine Chance zu geben. Denn sie sollen nicht ohne jeden Abschluss bleiben.

Im Zuge der Schuldiskussion klagten die Lehrer, dass es für sie keine ausreichend guten Arbeitsplätze in der Schule gebe, dass darauf beim Bau der Schule auch nicht Rücksicht genommen werde und dass zweitens die Schulräume noch nach dem Modell des 19. Jahrhunderts gebaut würden – wodurch ein moderner, zeitgemäßer Unterricht unmöglich ist.

Dort, wo heute gebaut wird, ist diese Kritik nicht mehr gerechtfertigt. Beim Gros der Schulgebäude trifft die Kritik aber zu. Das wird aber jetzt in einer großen Bauwelle relativ rasch verändert. Die Situation der Pflichtschulen, für die wir vom Land zuständig sind, ist besser als die der höheren Schulen. Wir investieren da gewaltige Summen.

Es gibt die Kritik, dass im Zuge der Wirtschaftskrise zu viel Geld in die Stützung von Industriebetrieben laufe, die logische Zukunftsinvestition aber in die Bildung gehen müsste. Wie verhält sich das Land Oberösterreich in dieser Frage?

Das ist eine sehr oberflächliche Kritik, die nicht stimmt. Denn in die Betriebe läuft überhaupt kein Geld. Wir übernehmen Haftungen und bekommen dafür sogar ein Entgelt. Geld würde nur in die Betriebe fließen, wenn die Haftungen fällig werden. Vom Konjunkturpaket geht ein Großteil in Bildung.

Wenn man mehr Lehrer braucht, kleinere Klassen macht, stellt sich die Frage, wie man das finanziert. Dazu gibt es verschiedene Vorschläge von einer Vermögenssteuer über ein Zurückfahren der sozialen Leistungen bis zu einer Reform des Finanzausgleichs zwischen Bund und Ländern.

Also die ganze Finanzierungsdebatte kann nicht an der Bildung aufgehängt werden. Wahrscheinlich wird im System längerfristig mehr Geld notwendig sein, weil es weniger Steuerzahler und mehr Pensionisten geben wird. Aber ob ich etwas mache, um die Pflege zu finanzieren oder kleinere Schulklassen, das ist nicht an einem Politikbereich aufhängbar. Faktum ist, dass wir vom Bund zu wenig Geld für die Lehrer bekommen, obwohl er zuständig ist. Ich habe gesagt, in Oberösterreich muss 25 als Klassenschülerhöchstzahl im Pflichtschulbereich ausnahmslos eingehalten werden. Mit dem Ergebnis, dass das Land jetzt 150 Lehrer selbst zahlen muss.

Es ist zu erwarten, dass wir ab 2013 einen Lehrermangel haben werden. Wie reagiert das Land Oberösterreich darauf, was unternimmt Landesschulratspräsident Pühringer?

Ich glaube, dass es richtig formuliert heißen müsste, wir könnten einen Lehrermangel kriegen, wenn die Inskriptionszahlen an einer pädagogischen Hochschule so bleiben wie im vorigen Jahr. Im heurigen Jahr haben wir allerdings durch unsere Informationspolitik, durch den Gratiskindergarten und die Senkung der Klassenschülerhöchstzahl auf 25 einen derartigen Anmeldeboom an beiden pädagogischen Hochschulen, dass ich keinen Lehrermangel mehr befürchte.

In Oberösterreich ist der Christliche Lehrerverein als Interessenvertretung der Lehrer besonders stark. Was ist eigentlich eine zeitgemäße christliche Position im Bereich des Schulwesens?

Der Christliche Lehrerverein ist zwar eine politische Organisation, bekennt sich aber in seinen Prinzipien ausdrücklich zur christlichen Lehre. Ich halte das auch für vollkommen richtig und stelle fest, dass in Oberösterreich in Fragen der Wertorientierung die christliche Erziehung noch vorrangigen Stellenwert hat. Wir haben zwar mit den Linken eine Diskussion über den Religionsunterricht, die aber noch immer eindeutig ausgegangen ist. Wir haben zweitens im Schulsystem verankert, dass die Vermittlung christlicher Werte nicht nur Tradition hat, sondern auch aktuell bedeutend ist. Wir haben drittens, Gott sei Dank, eine diözesane pädagogische Hochschule erhalten. Ich halte es für wichtig, dass sich die Kirche nicht aus der Lehrerausbildung abmeldet. Wir haben viertens in Oberösterreich ein starkes Netz an katholischen Privatschulen. Schule hat Wissen zu vermitteln, aber auch Orientierung zu geben, Werte zu vermitteln, zur Gemeinschaftsfähigkeit zu erziehen und unsere christlich-abendländische Tradition an die Kinder weiterzugeben.

Auch Oberösterreich hat eine Gesellschaft, die sich weiterentwickelt in Richtung Multikulturalität und Multikonfessionalität. Wie offen ist der Christliche Lehrerverein für Kollegen, die entweder eine andere Konfession haben oder keiner Konfession angehören?

Ich glaube, der Beitritt von Angehörigen anderer christlicher Konfessionen ist überhaupt kein Problem. Ohne religiöses Bekenntnis zu sein, ist auch kein Problem. Muslime treten solchen Organisationen aufgrund ihres Eigenverständnisses erfahrungsgemäß nicht bei.

Die Burn-out-Rate ist bei Lehrerinnen und Lehrern noch immer steigend. Wo kann man ansetzen, um an den Arbeitsbedingungen etwas zu verändern, sodass der Beruf auch gesundheitsverträglich ist?

Mich stört generell, dass man den Lehrern in unserer Gesellschaft zu wenig Wertschätzung entgegenbringt. Das zeigt sich auch im Gehaltsschema für Lehrer, das, verglichen mit anderen Ländern, im Mittelfeld liegt. Wir unterstützen die Lehrer, wo wir können. Mit der Senkung der Klassenschülerzahl haben wir einen wesentlichen Schritt gesetzt. Wir werden auch einen Schulsozialdienst ins Leben rufen und im größeren Ausmaß Schulpsychologen und Sozialarbeiter zur Verfügung stellen, damit Lehrerinnen und Lehrer nicht eine Arbeit erledigen müssen, die sie nicht gelernt haben. Und die sonderpädagogischen Zentren werden von Jahr zu Jahr mit mehr Personaleinheiten zusätzlich ausgestattet.

Im universitären Bildungsbereich gib es in Oberösterreich, laut Medien, unterschiedliche Auffassungen zwischen Industriellenvereinigung und Landeshauptmann. Die Wirtschaft würde eher einen Ausbau der Technisch-Naturwissenschaftlichen Fakultät

(TNF) in Linz forcieren, der Landeshauptmann möchte eine Medizin-Uni.

TNF und Medizin-Uni sind beide notwendig und prioritär. Die Medizin-Uni darf nicht zulasten der TNF gehen. Beides ist unabdingbar notwendig.

Warum braucht Linz eine medizinische Ausbildung?

Da es aufgrund der geburtenschwächeren Jahrgänge weniger Medizinstudenten, aber zugleich deutlich mehr ältere Menschen geben wird, werden wir in zehn bis fünfzehn Jahren einen Ärztemangel haben. Uns werden pro Jahr in Oberösterreich zwischen 100 und 150 Ärzte fehlen. Ein Teil jener Oberösterreicher, die in Wien, Innsbruck oder Graz Medizin studieren, kommt nicht mehr zurück. Außerdem reichen die Kapazitäten sowieso in diesen drei Städten nicht aus. Die Alternative ist, Innsbruck, Wien und Graz auszubauen oder einen vierten Standort in Linz zu machen. Wir haben von allen neun Bundesländern den zweithöchsten Anteil an Jugendlichen, die Medizin studieren. Wir haben 80 Primarii, die Professoren sind und nach Wien, Graz oder Innsbruck fahren, um zu unterrichten. Wir haben jetzt schon in unseren Spitälern universitäre Praktika zugelassen. Wir haben Krankenhäuser, die sofort Universitätskliniken werden können.

Salzburg will aber auch eine eigene Medizin-Uni.

Stimmt, aber Salzburg ist um zwei Drittel kleiner als Oberösterreich. Der Wissenschaftsminister sagt klar, wenn ein neuer Standort kommt, dann kommt er in Oberösterreich.

Gibt es Fachrichtungen oder Professoren, um derentwillen es sich auf jeden Fall lohnt, an der Kepler-Uni zu studieren?

Die gibt es. Ich glaube, wir haben uns im Bereich der TNF, vor allem der Mechatronik, im juristischen Bereich, aber auch in Wirtschaftswissenschaften einen Namen gemacht. Wir waren ja die ungeliebte Universität. 1965 gab es einen Beschluss der Rektorenkonferenz, in Linz keine Universität zu errichten. Sie ist trotzdem gebaut worden. Wir leiden aber heute noch, dass wir beim Universitätsbudget stark benachteiligt sind. Ich vergleiche das immer mit einem Bauern, der drei Kinder hat und das Erbe verteilt hat. Und dann kommt plötzlich ein viertes dazu und muss auch noch etwas bekommen. Genau in dieser Situation sind wir zum Teil bis heute. Aber die Universität hat ihre Bewährungsprobe längst bestanden.

Was in Linz allerdings fehlt, ist eine ausgeprägte Geisteswissenschaft. Wie wirkt sich das auf das Klima im Land aus?

Das ist meine dritte Forderung. Da muss man zumindest das, was vorhanden ist, in Cluster gruppieren, um mehr Angebote daraus zu machen.
Wir haben in Linz Theologie und Philosophie, wir haben Kunst, wir haben Musik, wir haben Kulturwissenschaften an der Bruckner-Universität. Und wir haben kleine Bereiche auch an der Johannes-Kepler-Universität wie zum Beispiel Wirtschaftsgeschichte. Derzeit läuft eine große Studie, wie man das zusammenführen kann. In 20 Jahren, vielleicht auch früher, wünsche ich mir für Linz eine Volluniversität. Wir müssen das anstreben und natürlich auch Prioritäten setzen. Die Priorität haben TNF und Medizin.

Bildungsforscher sagen, die Gesellschaft der Zukunft brauche vor allem Kreativität. Wir stehen in einem unglaublichen globalen Wettbewerb, wo wir neue Entwicklungen, neue Produkte brauchen. Kreativität und Kultur gehören zusammen. Wie stark ist der Stellenwert der Kultur im Hinblick auf die gesamte gesellschaftliche Entwicklung in Oberösterreich?

Der ist sehr hoch. Ich betone immer wieder, dass die Zukunft Oberösterreichs in der Kreativität seiner Menschen liegt. Wenn es uns gelingt, die Kreativität der Menschen bestmöglich zu fördern, haben wir das Prädikat Zukunftsland verdient.

Was gehört alles dazu, um Kreativität zu ermöglichen?

Ganz entscheidend ist die frühkindliche Erziehung. Dort wird im Bereich der musischen Fächer der Grundstock für die Kreativität gelegt. Das ist ganz, ganz entscheidend. Michelangelo ist gefragt worden: „Meister, wie machst du aus totem Stein so lebendige Figuren?" Und er hat geantwortet: „Das mache nicht ich. Die Figuren sind schon im Stein drinnen, ich hole sie nur heraus." Was an Kreativität im Menschen vorhanden ist, gilt es herauszuholen. Was im Frühkindalter geweckt wird, kann entwickelt werden. Was nicht geweckt wird, bleibt womöglich ein Leben lang verschüttet. Das ist die einheitliche Erkenntnis der Erziehungswissenschaft. Daher geben wir der musischen Bildung in Oberösterreich einen so hohen Stellenwert. Suchen Sie ein Land, das 150 Musikschulen hat, das den Gratiskindergarten ab zweieinhalb Jahren anbietet, das auf Landeskosten eine eigene Musikuniversität betreibt, das dafür sorgt, dass musisch Talentierte auch Arbeitsplätze finden. Das Land unterhält ein 116-Mann-und-Frau-Orchester und baut das neue

Musiktheater. Zur Kunstuniversität hat das Land bis in die jüngste Vergangenheit dazuzahlen müssen, um sie im Land haben zu können. Wir wissen, wer die musischen Kräfte stärkt, der stärkt auch die Kreativität, die Konzentrationsfähigkeit, das logische Denken. Sehr gute Musiker, Mathematiker und Physiker haben viel gemeinsam. Schon Aristoteles hat gesagt, musische Bildung sei Bildung des Herzens, der Seele und des Charakters. In den Musikschulen geht es nicht nur darum, dass ich Flöte spiele oder Klavier oder Trompete. Musische Bildung formt die Persönlichkeit.

Wie unbequem dürfen oder müssen die Kulturschaffenden sein?

Ich bin der festen Meinung, dass Künstler und Kunst provozieren müssen. Kunst kann schön und abstoßend zugleich sein. Kunst kann gemeinschaftsbildend und polarisierend sein. Kunst kann zugleich animieren und abschrecken. Eins aber soll sie nie: Gleichgültigkeit bewirken. Es ist ihre Aufgabe, zu Auseinandersetzungen anzuregen. Es ist zu wenig, bei Kunstwerken nur zu sagen: „Das gefällt mir oder das gefällt mir nicht, das ist schön oder das nicht." Der Künstler hat ein Anrecht, mit seiner Botschaft gehört zu werden. Diese Botschaft kann bei einem Künstler nie lauten: „Super, ihr macht das alles klass', und was ihr tut, verherrliche ich auf einem Bild." Das ist nicht seine Aufgabe. Künstler sind Seismografen der Gesellschaft. Sie zeigen an, in welche Richtung der Weg führt. Wir denken in Länge mal Breite, der Künstler denkt auch in Höhe und Tiefe.

Nach welchen Kriterien fördert das Land Oberösterreich Kunst und Künstler?

Mein Prinzip heißt: Liebe zum Alten, Mut zum Neuen! Wir haben die Aufgabe, das große kulturelle Erbe zu pflegen. Daher machen wir nächstes Jahr eine Landesausstellung zur Renaissance. Wir haben aber auch die Aufgabe, dafür zu sorgen, dass von unserer Zeit Erbe entsteht. Das heißt, wir sorgen, dass die heute Schaffenden Rahmenbedingungen vorfinden, die sie gut arbeiten lassen. Wir fördern erstens strukturell. Zum Beispiel ist die Bruckner-Universität eine Förderinstitution. Zweitens fördern wir animierend, indem wir Talentförderungsprämien und Kunstpreise ausschreiben. Drittens fördern wir, indem wir Räume zur Verfügung stellen, etwa ein Haus wie den Ursulinenhof, in dem Kunstgalerien zeigen, was Künstler heute schaffen. In der Kunst geht es sehr stark um das Ermöglichen und das Zulassen. Ich bin nicht der Zensor, der sagt, wo Kunst Grenzen haben muss, obwohl es solche natürlich auch in der Kunst gibt. Ich entscheide als Politiker auch nie, ob ein Künstler gefördert wird. Das überlasse ich den Fachleuten. Ich sorge dafür, dass strukturell ein gutes Instrumentarium entwickelt wird und dass dieses Instrumentarium Geld bekommt.

Wie viel Zeit wendet der Landeshauptmann selbst für Kunstaneignung auf, für Bücherlesen, Kino- oder Konzertbesuche?

Weitaus zu wenig, aber eigentlich relativ viel.

Kann man das konkretisieren? Welches Buch haben Sie zuletzt gelesen, welches Theaterstück zuletzt gesehen?

Mit Landeskulturpreisträger Gunter Damisch : „Wir denken in Länge mal Breite, der Künstler denkt auch in Höhe und Tiefe."

Das ist schwierig. Ich lese pro Jahr sicherlich nicht mehr als zehn Bücher, weil ich mehr zeitlich nicht schaffe. Aber ich lese unheimlich viel Fachliteratur. Ich bin sicherlich zehnmal im Jahr im Theater, aber nicht nur im Landestheater, sondern auch in Sommertheatern und bei dezentralen Einrichtungen. Ich eröffne sicherlich zehn Ausstellungen und gehe in weitere fünf ohne offizielle Aufgabe.

Was steht im Kulturleitplan Oberösterreich 2020? Kann man das an ein paar Punkten festmachen? Wohin wird sich Oberösterreich als Kulturland entwickeln?

Erstens wollen wir, dass in diesem Land kein Talent ungefördert bleibt. Zweitens wollen wir, dass Oberösterreich noch mehr als bisher ein Ort der zeitgenössischen Kunst und deren Entwicklung wird, ohne dass wir die Pflege des kulturellen Erbes vernachlässigen. Drittens möchten wir einen absoluten Schwerpunkt in der Kinder- und Jugendkultur setzen wie zum Beispiel mit dem Kinder- und Jugendtheaterfestival „Schäxpir". Viertens wollen wir eine regionale und dezentrale Kulturpolitik betreiben, weil es ein Angebotsgefälle zwischen den ländlichen Regionen und dem urbanen Bereich gibt.

Wie ist dieser Kulturleitplan in Zahlen gegossen? Welche budgetäre Priorität hat die Kultur?

Es ist nicht die Aufgabe des Kulturleitplanes, die Budgetzahlen zu nennen. Aber im Kulturbudget sind wir, um mir selbst das Weihrauchfass zu schwingen, wirklich absolut an der Spitze pro Einwohner – im Vergleich der Bundesländer und der EU-Regionen.

Das wird auch trotz Finanzproblemen so bleiben?

Das kann sich gar nicht ändern, weil wir ja im Kulturbereich derzeit vier große Kulturbauten laufen haben, und die haben natürlich Folgekosten. Wir bauen eine neue Bruckner-Universität, wir bauen ein Musiktheater, wir eröffnen im Oktober die neue Landesbibliothek und wir haben den Südflügel des Linzer Schlosses mit einem neuen Museum eben eröffnet. Wir wollen unser Oberösterreich als Land der Arbeit, als Land der sozialen Wärme und als Land der geistigen Weite profilieren. Gerade bei Letzterem sind wir kaum zu übertreffen. Wenn jemand vor fünfzig Jahren von Wien nach Salzburg gefahren ist, ist er in Linz und Oberösterreich durchgefahren. Heute sind Linz und Oberösterreich die Höhepunkte auf dieser Fahrt von Wien nach Salzburg.

Ehe – Familie – Geschlechterrollen

4.

Vielfache Lebensformen ohne Gleichmacherei – Partnerschaft ohne Rollendiktat

Die meisten Menschen wünschen sich Familie, Verbindlichkeit und Treue. Trotzdem wurden noch nie so viele Paare geschieden, gab es noch nie so viele Formen familiären Zusammenlebens. Wie viel Verbindlichkeit braucht Familie aus Ihrer Sicht?

Je unverbindlicher und je loser das wird, umso größer wird das Gesamtproblem. Ich glaube, dass vor allem auch im Interesse der Kinder alles getan werden soll, was der Staat tun kann, indem er klar macht: „Freunde, wenn ihr eine Familie gründet und Kinder in die Welt setzt, dann sollt ihr auch die Verpflichtungen klar sehen und dann soll das auch einen gewissen Grad der Verbindlichkeit haben!"
Ich betrachte das auch als eine Zukunftssicherung in der Gesellschaft: Wir brauchen nicht nur den technologischen Fortschritt und nicht nur Lebensqualität und Bildung, sondern auch eine gewisse menschliche Stabilität.

Ist die Eintragung von Partnerschaften für hetero- und homosexuelle Lebensgemeinschaften denkbar?

Man wird Menschen gleichen Geschlechts, die einen Lebensweg gemeinsam gehen wollen, nicht verwehren können, das in irgendeiner Weise auch verbindlich zu machen. Ich glaube, dem stehen eigentlich alle positiv gegenüber. Aber man soll die gleiche Ebene mit Ehe und Familie vermeiden bzw. für eine Differenzierung sorgen. Diese Partnerschaften mit einer regulären Ehe und einer regulären Familie auf gleiche Ebene zu stellen, lehne ich ab.

Das heißt, Ihr Familienbegriff geht stark von einer Familie aus, die Mann, Frau und gemeinsame Kinder umfasst.

Richtig. Aber in Anerkenntnis dessen, dass es daneben eine Fülle anderer Formen des Zusammenlebens gibt, die deswegen nicht diskriminiert werden dürfen.

Es gibt in der Diskussion auch die Überlegung, der Staat solle das, was im Interesse des Staates liegt bei einer Beziehung zwischen zwei Menschen, so generell wie möglich und, wenn man will, auch so liberal wie möglich formulieren, damit man alle möglichen Formen damit abdeckt. Und wer zum Beispiel als Katholik mehr haben will, begründet ohnehin zusätzlich die sakramentale Ehe.

Dem hänge ich nicht an. Ich glaube, der Staat muss differenzieren zwischen dem Grundmodell, das anzustreben ist, und jenen Formen, die zu akzeptieren sind. Ich halte den Weg nicht für sinnvoll, jene, die mehr an Verbindlichkeit wollen, auf die Kirche zu verweisen.

Das Familienbild, das Sie beschreiben, geht klassischerweise auch davon aus, dass Frauen einen Großteil der Binnenaufgaben in den Familien übernehmen: die Betreuung der Kinder, die Versorgung des Haushaltes usw. Wir haben erlebt, dass Frauen aufgrund dieser Konstellation im Alter übermäßig von Armut betroffen sind, dass sie in der Berufswelt Nachteile haben, dass sie bei Scheidungen mehr finanzielle Nöte haben als Männer. Ist dieses Familienmodell auch im Hinblick auf die Rolle der Frau so noch zu halten? Wie kann aus Ihrer Sicht die Situation von Frauen gerade in diesen klassischen Familienkonstellationen verbessert werden?

Die Analyse stimmt. Aber nur für die Familie der letzten Jahrzehnte. Ich glaube, das Bild hat sich in der Gegenwart gewandelt. Es ist ganz natürlich, dass über 60 Prozent der Frauen ihre Verwirklichung nicht mehr nur als Hausfrau und Mutter sehen, sondern auch in einer beruflichen Tätigkeit, denn schließlich haben die Frauen in den allermeisten Fällen die gleiche berufliche oder bildungsmäßige Qualifikation wie Männer; bei der Maturaquote liegen sie sogar um drei Prozent vorn. Das bedeutet aber keine Abwertung dieser Aufgaben. Wenn sich eine Frau entschließt, dass sie vier oder mehr Kinder will und daher drei oder fünf Jahre aus dem Berufsleben ausscheidet, so ist von der Gesellschaft so vorzusorgen, dass das möglich ist. Dasselbe gilt für den beruflichen Wiedereinstieg oder wenn der Vater bei den Kindern daheim bleibt. Es ist aber auch zu akzeptieren, dass eine Frau sagt: „Ich gehe nur kurz in Karenz und will dann wieder im Beruf dabei sein, denn ich will meine Aufstiegschancen wahren." Der Schlüssel heißt Wahlfreiheit dank Vereinbarkeit von Familie und Beruf. Wir haben den Kindergarten ab September 2009 unentgeltlich. Wir haben, wenn auch noch in unzureichender Anzahl, die Kinderkrippenplätze. Eine Kinderbetreuung muss so möglich sein, dass die Eltern nicht ständig mit einem schlechten Gewissen herumlaufen muss, weil sie ihre Kinder irgendwo „abgegeben" haben. Eine klassische Familie ist heute durchaus auch gegeben, wenn beide Elternteile der Berufstätigkeit nachgehen.

Es gibt aber auch nicht wenige Frauen, die sich für das Modell entschieden haben, vor allem für die Kinder da zu sein und ihre beruflichen Chancen zurückzustellen. Diese haben den Eindruck, ihre Leistung würde von der Gesellschaft nicht ausreichend honoriert. Sie erwarten gerade von einer bürgerlichen Partei eine Anerkennung dieser Leistungen in Form eines Müttergehalts.

Auch das ist nicht falsch. Man muss natürlich eines beachten: Immer, wenn ich Neues einführe, habe ich diejenigen, die fragen: „Warum nicht schon zu meiner Zeit?" Wenn man absolute Gerechtigkeit will, dürfte man die Dinge nie verändern. Aber es ist ein Grundprinzip des Fortschritts, dass sich die Dinge entwickeln, verbessern, anders werden. Es ist allerdings richtig, dass die Arbeit als Hausfrau und Mutter in unserem Gesellschaftssystem noch nicht als selbstständige Leistung verankert ist. Sie wird quasi in der Kinderbeihilfe, in Transferleistungen und im Gehalt des Familienerhalters mit abgebildet. Das ist natürlich zum Teil für Frauen frustrierend und stellt den Wert dieser Tätigkeiten infrage. Nur brauchen Mütter- oder Hausfrauengehalt viele kleine Schritte, bis man sie in ein System integrieren kann. Wenn man von heute auf morgen ein Müttergehalt einführt, muss man entweder bei den Gehältern der Berufstätigen gewaltige Veränderungen vornehmen oder man muss Steuern hinaufsetzen, wofür man keinen Konsens finden wird. Die Entwicklung geht nur in kleinen Schritten, zum Beispiel war der jüngste Schritt die Pension begründende Anerkennung der Kindererziehungszeiten. Aber auch der Gratiskindergarten ist als ein Schritt einer längeren Entwicklung zu sehen. Zuerst galt es, überhaupt Kindergartenplätze zu schaffen, jetzt müssen wir schon schauen, sie zu füllen. Dann kamen wir schrittweise in die Situation, sie gebührenfrei anzubieten. Natürlich fragen jetzt diejenigen, die keine kleinen Kinder mehr haben, wieso sie zahlen mussten – aber ungefähr ein Drittel aller Eltern hat aufgrund der sozialen Gebührenstaffelung auch jetzt nichts bezahlt. Wir werden den sogenannten Kinderbetreuungsbonus beibehalten.

Was ist der Kinderbetreuungsbonus?

Das ist der Betrag, den das Land bisher an alle bezahlt hat, die ein gewisses Einkommen nicht überschritten haben. Sie bekommen im Monat um die 40 Euro pro Kind bis zum Schuleintritt, außer sie haben es seit 1. September 2009 im Gratiskindergarten. Ich überlege, ob wir nicht dieses Betreuungsentgelt für jene wenigen, die ab Herbst ihre Kinder nicht in den Kindergarten schicken, erhöhen.

Unsere Gesellschaft hat immer weniger Kinder. Auch da zeigt die Analyse, dass das gängige Familienmodell in Kombination mit den Anforderungen des Berufes wenig geeignet ist, die Familiengründung wirklich attraktiv zu machen. Es scheint, dass die Logik der Familienwelt mit einer sehr intensiven Betreuung der Heranwachsenden und die Logik der Berufswelt, die auf immer stärkere Mobilität der Arbeitskräfte setzt, schwer vereinbar sind. Was könnten da Schritte sein, die uns weiterbringen?

Die Rahmenbedingungen für eine möglichst große Wahlfreiheit sind eine ganz entscheidende Frage. Auch dort ist die Politik der kleinen Schritte gefragt. Erstens appelliere ich an die Wirtschaft, dass sie den Fragen des Familienlebens ihrer Mitarbeiter einen höheren Stellenwert einräumt. Zweitens ist der

Staat gefordert, optimale Kinderbetreuungseinrichtungen zu schaffen. Ich glaube auch, dass die Teilzeitarbeitsplätze ein wirklicher Fortschritt sind, und verstehe nicht, dass die linke Frauenwelt diese Teilzeitarbeit verteufelt. Als Dienstgeber im Land biete ich alle Teilzeitarbeitsplätze nur im Interesse der Arbeitnehmer an und nicht im Interesse des Amtes, denn Teilzeitarbeitsplätze kommen nicht dem Arbeitgeber entgegen. Aber ich halte sehr viel davon, die Teilzeitmodelle für Frauen wie Männer weiter auszubauen. Grundsätzlich muss man sagen, dass die Politik keine Lebensentwürfe für die Menschen vorgeben soll. Sie kann den Bürgern die Entscheidung Familie oder Karriere nicht abnehmen. Die Politik kann und soll Rahmenbedingungen für die notwendige Wahlfreiheit schaffen. Das sind nun einmal die Kinderbetreuung, die gerechte Entlohnung von Mann und Frau, die Möglichkeit von Teilzeitarbeit. Die Strategie kann aber nicht lauten: Frauen seid wie die Männer, dann habt ihr bessere Chancen! Ich glaube vielmehr, dass die Betriebe erkennen, dass Frauen an Probleme mit einer anderen Sichtweise herangehen und oft die Chance bieten, gerade in männerorientierten Betrieben neue Qualitäten in Arbeitsabläufe einzubringen.

Sie sagen, man müsse die Dienstgeber um mehr Vereinbarkeit von Familie und Beruf bitten. Das klingt sehr höflich. Gibt es nicht auch eine Verpflichtung dazu? Wie fördert das Land das Engagement der Unternehmen in dieser Frage?

Wir tun uns wahnsinnig schwer mit Anordnungen, gerade in wirtschaftlich schwierigen Zeiten. Ich glaube, es kommt sehr stark auf die Person des Unternehmers an. Macht man strenge Vorschriften, werden Mütter mit drei Kindern in den

Betrieben nicht angestellt. Ich glaube, es geht nicht darum, dass wir Zugangsbestimmungen und Verpflichtungen verschärfen, weil wir den Betroffenen damit nichts Gutes tun. Vielmehr geht es darum, dass wir an die Wirtschaft appellieren, und es gibt schon sehr viele mustergültige Betriebe. Aber ich sehe keine Möglichkeit, das gesetzlich zu verankern, zumal zwischen einem 3-Personen- und einem großen Industriebetrieb Welten liegen. Je mehr wir den Unternehmen die freie Entscheidung erschweren, umso geringer ist die Bereitschaft, Jugendliche anzustellen, Frauen anzustellen, Teilzeitangebote zu machen etc. Die Behaltepflicht für Behinderte ist heute ein Bumerang – die meisten Firmen sagen: „Da zahle ich mich lieber frei!"

Es gibt aus dem Kreis der Wiener ÖVP-Frauen rund um Theresa Philippi den Versuch, im Zusammenhang mit Familie und Beruf an andere Modelle zu denken. Man überlegt zum Beispiel so etwas wie Lebensarbeitszeitkontingente, sodass die Familien in der Phase, wo die Kinder intensive Betreuung brauchen, genügend gemeinsame Zeit haben. Familien erleben, dass außerhäusliche Kinderbetreuung, Teilzeitarbeit von beiden Partnern oder Vollzeit von einem, Teilzeit vom zweiten dazu führt, dass man nur sehr wenig Zeit miteinander hat und das auch ein Grund für Unzufriedenheit und Scheitern von Familien ist. Kann man da auch politisch etwas großräumiger denken, indem man beispielsweise Arbeitszeit auf längere Zeiträume rechnet?

Das ist durchaus interessant. Wir haben ein ähnliches Modell am Ende der Arbeitszeit mit dieser sogenannten Gleitpension. Allerdings sind wir da wieder bei dem Problem, dass alle diese Modelle erst ab einer gewissen Betriebsgröße realistisch durchführbar sind. Sie sind dort nicht durchführbar, wo die meis-

Christa und Josef Pühringer mit Josef, Katharina und Peter: „Unsere Kinder waren immer Kinder wie alle anderen."

ten Frauen beschäftigt sind, nämlich in der Dienstleistung. In Betrieben unter fünf oder unter zehn Beschäftigten scheitern diese Modelle, weil man nicht genügend Mitarbeiter hat, um Ausfälle auszugleichen.

Zur Rolle der Väter in der Familie: Frauen wollen in der überwiegenden Anzahl heute ein Familienmodell, das von Partnerschaft ausgeht. Männer haben überwiegend noch das klassische Ernährermodell im Kopf: Sobald das erste Kind da ist, sehen sie ihre Rolle darin, für die Familie zu sorgen. Diese unterschiedliche Rollenauffassung ist Stoff für viele Konflikte. Wir haben offensichtlich einen gewissen Veränderungsbedarf bei den Männern. Was fällt Landeshauptmann Pühringer dazu ein?

Wenn ich an meine Sprechtage denke, wäre ich froh, wenn alle Väter die Aufgabe wahrnähmen, wirklich die Ernährer zu sein. Die meisten Fälle, die an mich herangetragen werden, sind jene, wo Väter ihre Leistungen nicht erbringen, etwa im Scheidungsfall ihre Alimente nicht bezahlen. Der zweite Punkt ist, dass die Politiker selbst ein schlechtes Beispiel geben, weil sie sich zu wenig Zeit für die eigene Familie nehmen. Wo man selbst keine Idealsituation lebt, sollte man sich mit guten Ratschlägen eher zurückhalten. Aber einen gewissen Wandel wird es geben. Die Generation unserer Söhne ist sicherlich anders als wir.

Welches Vater- oder Männerbild versuchen Sie Ihren Söhnen zu vermitteln?

Ich gehe in meiner wenigen Einflussnahme, die ich zeitbedingt habe, nicht darauf ein, ihnen ein bestimmtes Vater- oder Männerbild zu vermitteln. Das habe ich eigentlich noch nie bewusst getan.

Welches könnten sie denn bekommen aufgrund dessen, was sie bei ihrem Vater sehen?

Ich sehe meine Rolle in erster Linie darin, mit meinen Kindern so zu leben, dass ich mit ihnen ein gutes Verhältnis habe. Wenn du selten zu Hause bist und dann nur den Wauwau spielst, ist das unbefriedigend für beide Seiten. Ich will meinen Kindern vermitteln: Versucht, anständig zu sein! Versucht, dass ihr es im Leben zu etwas bringt! Seid fleißig, nützt eure Talente! Ich versuche, ihnen auch eine gewisse soziale Komponente zu vermitteln. Ich animiere sie: Tut etwas – in der Pfarre, in der Gemeinde, in Vereinen, wo immer ihr euch betätigen wollt! Seid gemeinschaftsfähig! Und ich versuche, durch meinen eigenen Lebensstil zu überzeugen. Ich hüte mich vor jeglichem erhobenen Zeigefinger anderen gegenüber. Mein Leitmotiv aus der Bibel lautet: „Richtet nicht, damit ihr nicht gerichtet werdet!"

Das so ziemlich wichtigste Schlagwort in Zweierbeziehungen und Familienbeziehungen ist momentan Partnerschaft. Was charakterisiert sie? Gehört eine genauere Rollendefinition, was Männer und Frauen anlangt, dazu?

Das ist sehr schwierig. Da gehen oft die Vorstellungswelt der Frauen und die der Männer stark auseinander. Ich glaube nicht, dass der Staat dazu da ist, anzuschaffen, wie die Hausarbeit zu organisieren ist oder wie man glücklich werden kann, indem die Frau dies tut und der Mann jenes. Auch Frauen haben über ihre Rolle in der Familie oft grundlegend verschiedene Vorstellungen. Diese Vielfalt soll man zulassen, und der Staat soll sich in diese Fragen möglichst nicht einmischen.

Die Stabilität von Familie ist für Sie und für die ÖVP ein sehr hoher Wert. Aber viele scheitern in diesem Bemühen. Gibt es da eine Aufgabe des Staates, Familien, Paare zu unterstützen, mit den Problemen so umzugehen, dass alle zufrieden sind?

Sicherlich, aber nicht in der Form, dass der Staat sich in die Angelegenheiten einzelner Familien einmischt, sondern indem er Rahmenbedingungen schafft, damit das Miteinander wieder leichter wird. In den Rahmenbedingungen sehe ich die Aufgabe des Staates.

Aber keine verpflichtenden Elternbildungsveranstaltungen, keine verpflichtenden Partnerschaftskurse oder Ähnliches?

Es ist Aufgabe des Staates, Angebot zu schaffen. Mit Zwangshinführung erreicht man nichts.

Gibt es Bereiche, von denen man guten Gewissens sagen kann, sie machen eine Gleichbehandlung von Männern und Frauen schwer oder überhaupt nicht möglich? Oder kann man mit gutem Willen alle gleichbehandeln?

Ich glaube, dass prinzipiell Frauen und Männer die gleichen Chancen haben sollten. Sie haben sie in der Vergangenheit nicht gehabt. Als ich 1976 in den Landesdienst eintrat, haben 26 fertige Juristen die Linzer Uni verlassen, 22 Männer und vier Frauen. Die Frauen sind alle Jugendrichter oder Ähnliches geworden und drei Viertel aller Absolventen haben beim Land angefangen, weil so viele Juristen gesucht wurden. Wären damals zehn Frauen dabei gewesen, wären die genauso genommen worden. Deswegen sind heute wenige 55-Jährige Frauen da, die in Leitungsfunktionen eintreten könnten. Bei den letzten zwei Aufnahmen von Juristen, 2009 und 2008, waren die Frauen in der Mehrheit. Sie werden, wenn diese Jahrgänge drankommen, auch in die Führungsfunktionen kommen. Als ich Landeshauptmann geworden bin, hatte ich bei den Ernennungen der ranghöchsten Beamten einen Anteil von fünf Prozent Frauen. In den letzten fünf Jahren habe ich ein Drittel aller Leitungspositionen mit Frauen besetzt. Leider wird die Statistik verfälscht durch den technischen und den Baubereich, weil es dort kaum Frauen gibt, in der ganzen Landesbaudirektion nur eine Frau in leitender Position, aber

mindestens ein Drittel der Leitungspositionen im Landesdienst sind im technischen Bereich. In den Schulen und Kindergärten habe ich allerdings eine klare Frauenmehrheit.
Sind unterschiedliche Gehaltsstrukturen für Männer und Frauen das Ergebnis von Gedankenlosigkeit, böser Absicht oder was sonst?

Im öffentlichen Dienst gibt es nur ein Gehaltsschema, das für Mann und Frau gleich ist. Wie es in der Privatwirtschaft ist, wird man von Betrieb zu Betrieb beurteilen müssen. Es gibt ja keine unterschiedlichen Kollektivverträge für Männer und Frauen. Die sind gleich. In der tatsächlichen Bezahlung mag das in der Einstellung der Unternehmer liegen, wie viel sie über dem Kollektivvertrag zahlen, und es liegt natürlich zum Teil auch an der Verfügbarkeit der Frauen. Sie werden ungerecht behandelt, alleine schon weil sie die Kinder bekommen und daher das Risiko des Ausscheidens, des mehrmaligen Ausscheidens gegeben ist. Das ist ungerecht.

Männer- und Frauenberufe sind in der klassischen Entwicklung unterschiedlich verteilt. Frauen sind sehr stark im Dienstleistungsbereich, im Pflegebereich, Sozialbereich usw. tätig. Das sind im Wesentlichen öffentliche Bereiche. Das heißt, die Entlohnung basiert nicht auf Marktkriterien, sondern wird aus Steuergeldern oder ähnlichen Einnahmequellen bestritten. Hat der Staat es nicht gerade in diesen Bereichen, wo es um klassische Frauenberufe geht, in der Hand, besser zu bezahlen?

Das ist richtig, bedingt aber, dass der Staat den Bürgern auch mitteilt, dass er höhere Gebühren einheben muss. Die Diskussion, ob Sozialberufe ausreichend hoch dotiert sind, ist legitim. Ich halte die Arbeit zum Beispiel in den Pflegeabteilungen für absolute Schwerarbeit. Ich kann mir vorstellen, dass man dort schrittweise zu einer besseren Entlohnung kommt. Es ist schon sehr viel getan worden. Man kann den Pflegergehalt von heute nicht mehr mit dem vor zehn Jahren vergleichen. Die Kindergärtnerinnen kommen zu mir und sagen, sie sind zu schlecht entlohnt, die Hebammen auch und ebenso die Logopädinnen. Legitim! Nur muss man wissen, dass man in all diesen Bereichen von einer Kostendeckung weit entfernt ist. Jede Erhöhung dieser Gehälter zieht daher automatisch eine Abgaben- und Steuererhöhung nach sich. Wir haben eine Steuerquote von 42 Prozent. Können wir wegen besserer Gehälter in diesen Bereichen über diese Quote noch hinausgehen?

Wir sind beim Thema Pflege. Die Familie hat auch bei der Pflege der älteren Generation immer eine ganz wichtige Rolle gehabt. Da erleben wir eine riesige Veränderung. Viele reden von einem

Im Seniorenpflegeheim Traun: „Wir brauchen für die Pflege eine rechtliche Absicherung."

Pflegenotstand, der zu erwarten ist, weil Familien in der Pflege ausfallen. Welche Modelle werden überlegt, um das aufzufangen?

Die Familie ist der größte Pflegeplatz der Welt. Über 80 Prozent der Pflegefälle in Oberösterreich werden in den Familien betreut. Wir werden immer für einen gewissen Prozentsatz ein Pflegeheim benötigen, weil entweder Angehörige fehlen oder weil die Pflege ein Ausmaß erreicht, das die stärkste solidarisch funktionierende Familie überfordert. Das Grundprinzip muss heißen: So lange wie möglich zu Hause! Einen alten Baum verpflanzt man nicht. In der mobilen Pflege sehe ich in den nächsten Jahren den absoluten Ausbauschwerpunkt. Sie entlastet auch die pflegenden Angehörigen. Aber wir brauchen dringend auch mehr junge Leute, die sich für einen Pflegeberuf entscheiden. Wir werden in Oberösterreich eine Ausbildungsoffensive machen, sonst droht uns wirklich der Pflegenotstand. In manchen Heimen mussten wir schon eine Aufnahmesperre verfügen, weil uns die diplomierten Pflegerinnen und Pfleger fehlen.

Der Pflegenotstand hat nicht nur diese personelle, sondern auch eine massive finanzielle Seite, vor allem für die Gemeinden, für die Sozialhilfeverbände. Es scheint, dass auch Finanzierungsmodelle für die Zukunft fehlen.

Da sind die oberösterreichischen Gemeinden in einer günstigen Situation. Denn bei uns lautet der Schlüssel 60 Prozent Landes-, 40 Prozent Gemeindebeiträge. Im Nachbarbundesland Salzburg lautet der Schlüssel 40 Prozent Land und 60 Prozent Gemeinden. Wir brauchen für die Pflege eine Absicherung wie für den Krankheitsfall und für die Arbeitslosigkeit.

Also eine Pflegeversicherung, die privat ab einem bestimmten Lebensalter eingezahlt werden kann oder muss?

Ich lege mich auf kein Modell fest, es kann einen Pflegefonds geben, es kann eine Pflegeversicherung geben, es kann einen Anhang zur Krankenversicherung geben. Das Durchschnittsalter in den oberösterreichischen Altenheimen ist derzeit 83,5 Jahre, vor 20 Jahren lag es bei 74. Meines Erachtens muss man das Pflegerisiko abdecken. Die jetzige 24-Stunden-Betreuung im Bundesbereich ist ein Vorläufermodell, das derzeit noch funktioniert, aber kein Dauermodell sein wird.

In letzter Zeit gab es immer wieder Meldungen, wonach die Zahl der Kinder, die in mehrfacher Hinsicht Probleme verursachen, steigt. Die Jugendwohlfahrt sagt, sie brauche mehr Personal im Sozialarbeiterbereich. Sie schlägt Alarm, dass wir massive gesellschaftliche Probleme bekommen und diese nicht ausreichend betreuten Kinder und Jugendlichen wieder Folgekosten durch Straffälligkeit, Arbeitslosigkeit usw. verursachen werden.

Diese Frage ist hochaktuell. Die Landesregierung hat ein Pilotprojekt zum Schulsozialverbindungsdienst beschlossen. Danach werden wir bis zum Jahr 2011 zusätzliche 52 Sozialarbeiter im Jugendsozialdienst einsetzen, die zwischen Jugendwohlfahrt und betroffenen Schulen vermitteln und Sozialarbeit leisten. 2011 bewerten wir, ob dieses relativ große Modell taugt.

Wirtschaften heißt Haushalten

5.

Die Krise, ihre Ursachen und Überwindungschancen durch mehr Moral und mehr Kontrollen

Herr Landeshauptmann, wie soll man erklären, dass wir uns nach 1945 auf den Trümmern eines verheerenden Weltkrieges von Anbeginn eine soziale Marktwirtschaft geleistet haben, und jetzt, sechzig Jahre später mit allem Reichtum, der dazugekommen ist, müssen wir soziale Leistungen erheblich einschränken, weil wir sie uns nicht mehr leisten können?

Ich glaube nicht, dass es zu einer erheblichen Einschränkung des Sozialen kommt. Was in der Krise diskutiert wird, ist das Tempo des Anwachsens. Diese Krise war kein marktwirtschaftlicher Betriebsunfall, auch kein Zuviel an Markt, sondern in Wahrheit ein Zuwenig an Moral. Ich halte die soziale Marktwirtschaft nach wie vor für das Modell, mit dem man auch aus der Krise wieder herauskommt. Zum Sozialen gibt es überhaupt keine Alternative. Die Frage ist immer nur: Wie viel und in welchem Tempo? Gescheitert sind die Gewinnmaximierer ohne Regeln, ohne Augenmaß und ohne Werte. Wir wissen heute, wohin Übertreibung und Regellosigkeit führen und dass es sich bitter rächt, wenn Maß und Mitte verloren gehen. Gerade die Erfolgsgeschichte des Marktes nährte die Illusion, dass wir es mit einem Markt zu tun haben, der eine Art wartungsfreier Wohlstandsautomat ist. Das war ein Irrweg.

Der international anerkannte liberale Soziologe und Publizist Ralf Dahrendorf hat kurz vor seinem Tod im Juni 2009 noch in einem größeren Aufsatz dargestellt, wie seiner Meinung nach ein Widerspruch im Kapitalismus in der Form stecke, dass dessen Begründer honorige Männer mit protestantischer Ethik und hoher Moralauffassung waren, persönlich bescheiden und sparsam, auf Erfüllung von Bedürfnissen erst bedacht, wenn das Geld dafür erwirtschaftet ist. Auf der anderen Seite funktioniert das System aber nur, wenn man konsumiert, und zwar schon bevor das Geld dafür da ist: „Enjoy now, pay later!" Auch jetzt sagt man uns, alle über eine Steuerreform ersparten Euros sollten ja nicht in den Sparstrumpf gesteckt, sondern gleich ausgegeben werden, denn es müsse die Konjunktur wieder anspringen. Frage: Kann man mit Verhaltensweisen, mit denen wir in die Krise geschlittert sind, aus der Krise wieder herauskommen?

So sehe ich das nicht. Wir sind nicht in die Krise geschlittert. Die Krise unterscheidet sich von anderen Krisen sehr entscheidend darin, dass einige verantwortungslose Gauner in Amerika Geld, das nicht da war, in den Wirtschaftskreislauf eingebracht haben und damit ein System zusammengebrochen ist, was auch uns in der Folge schwer schädigt. In Österreich steht die Summe der gewährten Kredite nach wie vor in einem vertretbaren Verhältnis zur Besicherung in den Banken. Also ich sehe nicht die Krise bei den österreichischen Banken. Auch durch den Steuersparer und durch den Investierer, durch die Frau Maier und den Herrn Huber, durch die Klein- und Mittelunternehmungen ist das alles nicht ausgelöst worden, sondern durch internationale Geldgeflechte, die keine Basis gehabt haben. Das waren Gaunereien. Durch das Fehlen von Moral sind wir in die Krise gekommen.

Aber eine Moral, die nicht gesetzlich abgestützt ist, wird man nicht erzwingen können. Schon Karl Marx hat argumentiert, wenn Kapitalisten im Rahmen ihrer Ideologie rechtlich zulässig handeln, dann soll man dafür nicht sie prügeln, sondern das System ändern. Die Frage ist auch heute: Wenn ein System es zulässt, dass innerhalb eines Jahres ein Drittel der volkswirtschaftlichen Gesamtwerte der Erdbevölkerung vernichtet wird, ist das nur die Gier Einzelner oder ist da auch im System ein Fehler?

Die Frage ist, ob ich das System an sich verändere oder ob ich den Spielraum dieser Gauner einschränken muss. Ich bin für Letzteres. Ich bin für eine rigorose Verschärfung der Finanzaufsicht. Dort liegt meines Erachtens der Schlüssel. Die internationale Finanzmarktaufsicht hat versagt. Diese Gauner waren klüger als die Prüfer. Dort liegt ein Grundproblem. Oder die Prüfer haben aufgrund der gesetzlichen Vorgaben zu wenige Möglichkeiten gehabt, diese Gaunereien rechtzeitig zu erkennen.

Hätten nicht auch die europäischen Banker erkennen müssen, dass ihnen da faule amerikanische Kredite in einer schönen Verpackung angeboten wurden?

Richtig, auch die europäische und die österreichische Bankenaufsicht hätte meines Erachtens draufkommen müssen. Aber zu sagen, der maßlose Konsum oder das riesige Investieren hätten dazu geführt, das glaube ich nicht. Ich sehe im Ganzen eine Entkoppelung von Freiheit und Verantwortung.

Auch der erfolgreiche Manager Claus Raidl spricht von „uferloser Gier" und Raiffeisen-Generalanwalt Christian Konrad von

„schrankenloser Gier und Gewinnoptimierungssucht" als Krisenursachen. Aber ist damit das Problem erklärt? Schon erfährt man, Banken würden auch in Zukunft mit Derivaten, also fiktiven Werten, handeln dürfen. Business as usual, nur ein paar Kontrollen mehr?

Ich glaube, dass es zum Ersten einmal für die Hygiene von ganz entscheidender Bedeutung ist, wie man mit diesen Gaunern umgeht. Es muss deutlich werden, dass sie zur Verantwortung gezogen werden. Das zweite ist: Finanzmarktaufsicht muss eine ganz neue Positionierung bekommen. Die Gesellschaft hat die Verpflichtung, ein Kontrollsystem zu schaffen, dass den Gaunern keine Chance lässt. Eine gewisse Gefahr ist, dass solche Anlässe zur Totalregulierung führen. Ich sehe nicht ein, warum unsere Sparkassen und Banken jetzt mit einer Fülle von Kontrollmechanismen überzogen werden sollen, obwohl im kleinen Bereich nichts passiert ist. Wir sind, das gilt für den Naturschutz genauso wie für die Finanzaufsicht, im Zuregulieren relativer Kleinigkeiten Weltmeister.

Es gibt jetzt auch verstärkte Kritik gerade an konservativen Parteien, dass sie in ihrem Eintreten für ein marktliberales System die Regulierungen so weit wie möglich in den Hintergrund zu drängen versucht hätten.

Ich zähle mich mit meinem politischen Standort nicht zu den konservativen Parteien, sondern zu den christdemokratischen. Bei einem Teil der europäischen Konservativen gibt es da sicherlich einen Korrekturbedarf – aber nicht bei allen. Und ich sehe, noch einmal gesagt, in der jetzigen Wirtschaftskrise nicht so sehr Bedarf an Kapitalismuskritik, sondern an Kritik an Wirtschaftsführern, die ihre Verantwortung nicht wahrgenommen haben, weil ihnen die moralische Eignung fehlte, um solche Ämter auszuführen.

Aber da gibt es auch Aussagen wie die des renommierten Wiener Philosophieprofessors Konrad Paul Liessmann, der sagt, Heerscharen von Wirtschaftswissenschaftlern und Praktikern hätten jahrelang argumentiert: „Weg mit dem Staat aus der Wirtschaft!" Und jetzt über Nacht sagen dieselben Leute: „Wir brauchen schnell ein paar hundert Milliarden an Steuergeldern, um das große Unglück abzuwenden, aber dann soll sich der Staat so schnell wie möglich wieder aus der Wirtschaft verabschieden" – auch aus der Kontrollfunktion! Ist das ist nicht eine sehr fragwürdige Grundhaltung?

Das unterschreibe ich zu hundert Prozent. Ich habe mich nie für einen schwachen Staat ausgesprochen. Das wäre vollkommener Unsinn. Die zentrale Frage lautet: Welche Aufgaben hat der Staat im System? Der Staat als Unternehmer hat dort seine Berechtigung, wo es um Daseinsvorsorge geht, um Absicherung der Lebensqualität, also in der Bildungsfrage, bei den Spitälern, im Gesundheitswesen, bei der Wasserversorgung usw. Aber der Staat hat beispielsweise nichts zu suchen in der Stahlproduktion, überhaupt in produzierenden Bereichen. Schon der legendäre Austromarxist Otto Bauer hat seinerzeit gesagt, dass der Staat der schlechteste aller denkmöglichen Unternehmer ist.
Die zweite Rolle des Staates aber ist die des Rahmengebers. Er muss schauen, dass die Rahmenbedingungen stimmen, damit die Wirtschaft erfolgreich sein kann. Das heißt, er muss für die richtigen Schulen sorgen, das Universitätswesen, die

Forschungsförderung usw. Und dann muss der Staat für Steuergerechtigkeit und ein Funktionieren etwa der Finanzaufsicht sorgen. Einen schwachen Staat wünschen sich wirklich nur Idioten.

Vielleicht kann man noch einmal kurz präzisieren, was für den Landeshauptmann Pühringer in einer Marktwirtschaft sozial, was ökologisch sein soll? Der im Juni 2009 neu bestellte ÖAAB-Obmann Michael Spindelegger hat eine „menschliche Marktwirtschaft" gefordert. Ist das ungefähr das Gleiche?

Der Markt ist unverzichtbar, aber er braucht zwei Flanken: die soziale und die ökologische Dimension. Es muss klargestellt sein, dass in einer Marktwirtschaft alle nicht Leistungsfähigen durch ordentliche Sozialgesetze und die Arbeitnehmer durch eine ordentliche Entlohnung abgesichert sind. Und es muss auf der anderen Seite abgesichert sein, dass eine Wirtschaft immer nur von den Erträgen leben kann und nicht von der Substanz. Die ebenso unverzichtbare ökologische Dimension besagt: Bis hierher kannst du in der Nutzung der Ressourcen gehen, aber da ist die absolute Grenze! „Menschliche Marktwirtschaft" hat noch eine erweiterte Dimension, nämlich Rücksichtnahme auf die Arbeitnehmer nicht nur beim Lohn, sondern auch in der Gestaltung der Arbeitswelt – Öffnungszeiten im Handel, Bedachtnahme auf Frauen, Mütter, sprich: Arbeitszeiten, sprich: Schichtarbeiterbedingungen und dergleichen.

Wie hält es der Landeshauptmann Pühringer mit dem vieldiskutierten Recht auf Arbeit?

Klare Positionen: „Denen, die arbeiten wollen und nicht können, muss man anders helfen als jenen, die nicht arbeiten wollen"

Ich gehe davon aus, dass es ein Recht auf Arbeit geben soll. Nur eine Festschreibung ist schwer zu realisieren. Grundsätzlich hat jeder Mensch Recht auf Anerkennung seiner Würde, das leite ich als Christdemokrat von der Gottebenbildlichkeit des Menschen ab. Zur Würde des Menschen gehört auch die Entfaltung durch Arbeit. Das ist mehr als Beschäftigung und Geldverdienen. Arbeit heißt Lebenssinn, Lebensperspektive. Wer mit Arbeitslosen zu tun hat, weiß: Arbeitslosigkeit und Hoffnungslosigkeit sind ganz eng nebeneinander angesiedelt. Daher gibt es so etwas wie ein Grundrecht auf Arbeit, weil es ein Grundrecht auf ein würdiges Leben gibt. Es gibt aber auch eine Pflicht, dass ich, wenn ich arbeitsfähig bin, meinen Beitrag zum Gemeinwohl leiste und mich nicht aus den Töpfen des Staates in der Hängematte füttern lasse.

Gehört nicht zur Würde der Arbeit auch eine gewisse rechtliche Verbindlichkeit von Arbeitsverhältnissen? Es gibt immer mehr prekäre Arbeitsverhältnisse, Werkverträge, Leiharbeit, kurzfristige Projektmanagements. Die Sicherheit oder auch nur Wahrscheinlichkeit, einen Arbeitsplatz behalten zu können, wird immer geringer. Selbst Absolventen von Universitäten fangen mit einem Praktikum an, das schlecht oder gar nicht bezahlt ist, und sind froh, dass sie überhaupt einmal drankommen. Das ist eine Verschlechterung der Chancen auf Arbeit.

Das sehe ich auch so. Prekäre Arbeitsverhältnisse sind meine Sache nicht. Ich trete für ordentliche Arbeitsverhältnisse ein. Nur darf man das Kind auch hier nicht mit dem Bad ausschütten. Werkverträge sind oft eine vernünftige Lösung. Ich kann zum Beispiel das Führungspersonal einer Landesausstellung nur sechs Monate beschäftigen, kann aber auch nicht für eine Landesausstellung Leitungspersonen etwa vom Museum abziehen, denn dann fehlen sie dort. Wenn jedoch prekäre Arbeitssysteme unter dem Vorwand der Flexibilität zum Dauersystem werden, ist das abzulehnen.

Die öffentlichen Haushalte tragen schwer an der Wirtschaftskrise. Wie sollen Staaten, Teilstaaten, Bundesländer die derzeit unvermeidlich angehäuften Schuldenberge in absehbarer Zeit wieder abbauen?

Zum Ersten muss man einmal sagen, dass die großen Schuldenberge ja nicht durch die letzten zehn Monate Krise entstanden sind, sondern in Wahrheit schon da gewesen sind und nur mehr einen zusätzlichen Gupf draufbekommen haben. Die Entschuldung wird ein Riesenproblem werden, auch wenn man sagen muss, dass das Schuldengeld wieder in die Volkswirtschaft zurückfließt. Ich glaube, es wird entscheidend sein, dass wir eine internationale Kapitaltransfersteuer bekommen, zumindest einmal im europäischen Rahmen. Man wird über eine Steuer- und Abgabenquote von 42 Prozent nicht hinaus können. Es gibt aber drei, vier Felder, wo finanzpolitisch in der nächsten Zeit etwas geschehen muss. Wir haben das Feld der Pflege, das Problem der Gesundheit generell, vor allem das Problem der Spitäler, dann das Feld der Zinsen und der Schuldenberge, aber auch die Überschuldung bei der Straßenbaugesellschaft ASFINAG und bei den Bundesbahnen. Das alles werden Megathemen der nächsten Zeit. Ich kenne auch kein Wundermittel. Eine internationale Transfersteuer trifft die wirklichen Kapitalverschiebungen. Mit einer Vermögenssteuer verdiene ich bei den wirklich Reichen so wenig, dass es sich nicht auszahlt, und den leistungsstarken Mittelstand gerade jetzt zu schwächen, geht gegen alle Lehren der Volkswirtschaft.

Der Landesrechnungshof hat kürzlich gesagt, das Land Oberösterreich müsse nach der Krise massiv sparen. Wo ist da anzusetzen?

Der Landesrechnungshof hat im selben Bericht auch gesagt, dass die Landesfinanzen in Ordnung sind. Ich scheue überhaupt keinen Vergleich mit einem anderen Bundesland, begrüße es aber auch, wenn der Landesrechnungshof darauf aufmerksam macht, dass nach einer Phase des überhitzten Investierens – jetzt erforderlich aufgrund der Krise – eine Abkühlungsphase kommt und ein Eingriff ins Strukturelle erforderlich wird, damit wir nicht wieder wie vor zehn Jahren in eine Verschuldung geraten. Die an diese Warnung anknüpfende Agitation ist nur mit dem Wahljahr zu erklären.

Ich kenne zumindest acht andere österreichische Bundesländer, die sich Finanzen wie die von Oberösterreich wünschen. Das heißt nicht, dass wir Geld verprassen könnten. Aber es heißt zum Beispiel, dass Oberösterreich und zum Teil auch Vorarlberg die Konjunkturpakete weitestgehend aus den regulären Budgets und aus Rücklagen finanzieren können.

Ist es für einen Landesfinanzreferenten beunruhigend, dass das Land sozusagen das Familiensilber im Wesentlichen verkaufen musste und man jetzt nichts mehr hat, worauf man zurückgreifen kann?

Als Familiensilber betrachte ich das Vermögen des Landes. Und das ist vorhanden, mit über drei Milliarden Euro, denn wir haben Grund und Boden und wir haben Besitzungen. Die bisherigen Verkäufe – 49 Prozent der Hypo-Bank und 47 Prozent der Energie-AG – waren beide vernünftig, denn beide Unternehmungen sind nach der Teilprivatisierung wesentlich erfolgreicher als vorher. Das Land Oberösterreich hat, als uns hundert Prozent gehörten, weniger an Rendite bekommen als derzeit, und Arbeitsplätze werden dort nicht abgebaut, sondern dramatisch vermehrt.

Es gibt natürlich auch Stimmen wie die der deutschen Steuerrechtsexpertin Johanna Hey, die besagen, man wird das Defizit nur durch massive Einschnitte bei den Ausgaben der Haushalte in den Griff bekommen. Sie nennt da unter anderem Leistungskürzungen bei den Pensionen und vor allem im Bereich der Verwaltung und Bereinigung von Strukturen.

Schwere Einschnitte bei den Leistungsempfängern, ich denke an Pensionen, kann ich mir nicht vorstellen, weil ich damit die Kaufkraft der Massen schwäche. Wenn ich den Leuten, die monatlich zwischen 700 und 2.000 Euro haben, etwas wegnehme, dann sind das genau jene, die damit ihr Leben bestreiten, das meiste davon ausgeben und Arbeitsplätze sichern. Den Rufern nach Strukturreformen gebe ich ganz sicher Recht. Allerdings die ganz großen Erwartungen, dass man da ungeheure Geldsummen einsparen kann, habe ich nicht. Wenn ich das vielzitierte Beispiel der Schulverwaltung hernehme: Dort fallen in der Verwaltung nicht einmal ein Prozent der Kosten an! Die Hauptkosten liegen bei den Lehrern. Ich will aber die Qualität des Unterrichtes heben, kleinere Klassen, Begleitlehrer, Sozialarbeiter in den Schulen usw. Dort sagt niemand, wir sollten sparen. Ein jeder sagt: „Sparen in der Schulverwaltung!" Wir, in Oberösterreich, haben die pro Kopf günstigste aller Landesverwaltungen. Aber es steigen derzeit nicht die Verwaltungskosten, sondern die Kosten in der Dienstleistung. Wir verlangen mehr Polizisten, mehr Lehrer, mehr Hochschulpersonal, mehr Personal im Pflegebereich, in den Spitälern! Die Hoheitsverwaltung, die ursprüngliche Verwaltung der Behörden, haben wir zurückgefahren bis zu einem fast nicht mehr vertretbaren Ausmaß. Zugleich rufen aber die Betriebe nach schnelleren Behördenverfahren. Also: jawohl, für Systemreform! Aber man muss realistisch sein, dass dort nicht Berge von Geld verdient werden!

Welche ökologischen Abgaben sind noch möglich?

Ich bin schon dafür, dass wir, wenn es geht, die Besteuerung der Arbeit entlasten und den Ressourcenverbrauch belasten.

Allerdings muss man sich im europäischen Kontext bewegen, denn ich muss immer schauen, mit wem die Branchen im Wettbewerb stehen, die ich zusätzlich belaste.

Stichwort Flat Tax: Wäre es sinnvoll, sämtliche steuerpflichtigen Einkommensbezieher in, sagen wir, zwei Gruppen einzuteilen? Die einen zahlen zehn, die anderen 30 Prozent Steuer – keine Ausnahmeregelungen. Würde man sich damit nicht hohe Kosten bei den Steuerpflichtigen, ihren Beratern und in den Finanzämtern ersparen?

Das klingt super. Ich bin für jede Steuerdiskussion auch in diese Richtung offen. Nur muss man wissen, dass, je rigoroser eine Flat Tax gehandhabt wird, umso umfassender das soziale Ausgleichssystem sein muss. Wenn alle eine Mindeststeuer zahlen, werden Transfers notwendig. Immerhin zahlen 1,2 Millionen Menschen in Österreich heute null Steuern, weil sie so geringe Einkünfte haben.

Am schnellsten und wirksamsten wäre eine auch nur geringfügige Erhöhung der Mehrwertsteuer. Traut sich irgendeine politische Partei da drüber?

Das wäre in der Krise auch der falsche Weg. Mit der Mehrwertsteuer treffe ich am härtesten die Bezieher geringer Einkommen, zumal ich hier keine Ausnahme machen kann. Ich kann nicht sagen, der Pensionist mit Mindestpension zahlt bei gewissen Lebensmitteln keine oder weniger Mehrwertsteuer.

Die Betonung des Shareholder-Value, also der Gewinnorientierung am Nutzen für die Aktienbesitzer, hat das kurzfristige Den-

ken in die Wirtschaft gebracht. Dieses kurzfristige Denken hat zur Krise maßgeblich beigetragen. Was könnte man tun, um Wirtschaften wieder längerfristig, nachhaltiger auszurichten?

Das Gegenprogramm zu solchem Verhalten liefern in Österreich die gesunden Familienbetriebe. Die denken an die Kinder: „Der Betrieb soll meine Familie ernähren und Erträge abwerfen, die ich im Betrieb investiere, damit ich ihn stärker an die nächste Generation übergeben kann." Wir müssen uns wieder darauf besinnen, dass man vom Ertrag lebt und nicht von der Substanz. Es braucht Regeln in der Wirtschaft. Regeln ersetzen aber nicht Werte. Du brauchst Regeln und Werte. Das alte Prinzip der Nachhaltigkeit kommt aus der Forstwirtschaft: „Aus einem Wald nicht mehr herausschneiden als nachwächst." Das muss wieder Prinzip des Wirtschaftens sein. Und wenn ich durch die Lande fahre, sehe ich: Wir haben sehr, sehr starke Betriebe, und bei ihnen wird genau dieses Prinzip hochgehalten.

Diskussion im Motorradwerk KTM: „Aber dass wir nur den Großen helfen, stimmt nicht."

Jetzt in der Krise entsteht aber der Eindruck, man würde nur die großen Systeme stützen und die kleinen sozusagen kalt den Bach hinuntergehen lassen.

Und genau dieser Eindruck ist nicht richtig, da sich die Politik in erster Linie mit den Kleinen beschäftigt. Aber nur die Großen werden sichtbar. Wenn der Landeshauptmann zum Motorradgroßhersteller KTM fährt, fährt das Fernsehen mit. Wenn der Landeshauptmann zu zehn Kleinbetrieben fährt, fährt es nicht mit, denn das ist nichts Spektakuläres.

Auch über die Landeshaftungen wird in Oberösterreich viel diskutiert. Auch da gibt es wieder den Eindruck, dass Große gestützt werden, die möglicherweise gar nicht mehr so positive Erfolgsaussichten haben, und kleinere Unternehmen mit viel leichter zu behebenden Problemen es viel schwerer hätten.

Der Vorwurf ist wirklich nicht in Ordnung. Wir haben einen Wirtschaftsbeirat installiert, in dem die Wirtschaftskammer, ein angesehenes Wirtschaftsprüfungsbüro, ein freier ziviler Rechtsanwalt und der Landesfinanzdirektor mitmachen, damit alles möglichst objektiviert abläuft. Am Anfang der Diskussion erhob die vereinte Linke als Alternative zur Landeshaftung die Forderung nach neuerlicher Verstaatlichung: Wenn es einem Unternehmen schlecht geht, soll sich das Land mit 20, 30 oder 40 Prozent beteiligen. Das kommt für mich nicht infrage. Verstaatlichung im Großen hat in Oberösterreich viel Unheil angerichtet. Wenn nun der Wirtschaftsbeirat zur Überzeugung kommt, ein Unternehmen sei prinzipiell gesund, brauche aber zur Überwindung eines Liquiditätsengpasses Geld, dann kann man ihm sozusagen unsere Bonität leihen. Er muss uns dafür aber ein Haftungsentgelt zahlen. Das heißt, wir geben kein Geld her, wir beteiligen uns nicht, wir subventionieren niemanden, sondern wir verleihen unsere Bonität. Nur wenn es für uns ans Zahlen ginge, greifen wir auf Betriebsanteile. Das System ist von allen Seiten hochgelobt worden. Mehr Konkurse, mehr Arbeitslose oder Verstaatlichung sind für mich keine Alternative.

Oberösterreich ist bei den großen Unternehmen im Bereich der Automobilzulieferindustrie sehr stark. Kritiker sagen: Das ist eigentlich eine sogenannte reife Industrie, die es in dieser Form bald nicht mehr geben wird. Soll man da noch kurzfristig Arbeitsplätze sichern?

Ich glaube, dass die Automobilindustrie weitergehen wird, dass wir aber vom Öko-Auto noch ein gutes Stück entfernt sind. Die Automobilindustrie wird sich halt umstellen müssen, wenn die Leute nicht mehr so viele große Autos kaufen. Ich habe erst kürzlich zwei Autohändler besucht, die kleine Modelle anbieten – die haben sehr gute Zeiten gehabt in den letzten Monaten. Ich bin aber auch sehr dafür, die Forschung gewaltig voranzutreiben in Richtung Elektroauto und ähnliche Entwicklungen. Da geht meines Erachtens zu wenig schnell etwas weiter – wohl auch, weil die großen Ölkonzerne gewaltig bremsen.

Wird von der Politik genügend getan, um Umwelttechnologien auch aus Klimaschutzgründen zu fördern und damit in der Folge Arbeitsplätze zu schaffen?

Ich glaube, dass wir im Bereich der Ökoenergie so viel tun wie kein anderes Land. Wir haben mehr solcher Betriebe als jedes andere österreichische Bundesland. Wir haben uns vor allem in der erneuerbaren Energie gewaltig angestrengt. Wir haben heute ungefähr 25.000 Arbeitsplätze in der Ökoenergie, vor zehn Jahren waren es rund 700. Ich glaube nur nicht, dass das Ende des herkömmlichen Autos schon so nahe ist, wie manche glauben.

Kann zum Beispiel durch Energieunabhängigkeit von Gemeinden Arbeit geschaffen werden?

Sicher. Ich denke an Biogasheizungen, Hackschnitzelheizungen, durch Ausforsten der Wälder, also in der Beschaffung von Ressourcen, zweitens aber auch im Bau der Technologie: Diese Hackschnitzelheizungen sind technologische Meisterwerke! Schließlich sorgt auch das Betreiben solcher Einrichtungen in einem geringen Ausmaß für Arbeitsplätze.

In Zeiten der Krise steigen auch die Ängste massiv. Wie schaut eine verantwortliche Politik in einer solchen Situation aus?

Die Politiker müssen alles tun, was sie können, um die negativen Auswirkungen zu reduzieren. Sie müssen den Menschen ehrlich sagen, was alles nicht möglich ist. Ich kann einer Krise nicht Landesverbot geben, ich kann sie, insofern sie auch eine Exportkrise ist, nicht mit Konjunkturpaketen bekämpfen. Wenn die international tätige Firma Engel weniger ihrer großen Maschinen verkauft, nützt es ihr nichts, wenn ich noch zehn Kindergärten oder fünf Schulen im Bau vorziehe.

Die Krise hat Oberösterreich in einer Phase mit einem sehr niedrigen Stand an Arbeitslosigkeit erwischt. Jetzt scheint es, als ob wir erst am Beginn einer ganz gegenteiligen Entwicklung stünden. Hat der Landeshauptmann schlaflose Nächte deswegen?

Die Arbeitslosigkeit setzt mir am meisten zu. Sie ist das Unsozialste, das es gibt. Daher muss alle Bestrebung der Politik darauf hinauslaufen, Arbeit zu schaffen und zu sichern, soweit das geht. Wir haben aber noch immer die niedrigsten Arbeitslosenquoten in ganz Österreich, obwohl wir den größten Industrieanteil haben. Das ist auch ein Kompliment für den Wirtschaftsstandort Oberösterreich und seine Unternehmerinnen und Unternehmer, die ihre Beschäftigten nicht leichtfertig hinauswerfen. Aber wir müssen damit rechnen, dass im Spätherbst und Winter 2009 die Arbeitslosigkeit womöglich noch einmal steigt. Das ist die größte Sorge, die ich als Landespolitiker habe, weil ich sie nur beschränkt bekämpfen kann.

Wenn die Arbeitslosigkeit steigt, hat der Populismus Hochkonjunktur. Gibt es Modelle, die nicht nur dem Landeshauptmann die Verantwortung in dieser Frage aufbürden? Ist demokratisch auch etwas anderes denkbar, eine breite Plattform mit Einbindung verschiedener Kräfte, um die Gefahr des Populismus etwas einzudämmen?

Das wäre sehr wünschenswert. Ich habe nur meine Zweifel, ob eine solche Plattform je funktionieren würde, so vorbehaltlos ich mich auch zur Demokratie bekenne. Aber Demokratie hat als Wesenselement Wahlen, und die unmittelbare Zeit vor Wahlen ist eine, in der du den Populismus nicht aus dem Land verbannen kannst. Das haben schon viele versucht.

Soziale Grundsicherung: Kein misstrauisches Menschenbild.

In den vergangenen Jahren haben sich die Einkommen aus Arbeit und aus Vermögen auseinanderentwickelt. Was ist zu tun, um diese Entwicklung wieder stärker in die Richtung sozialer Gerechtigkeit zu lenken?

Soziale Gerechtigkeit verlangt mittelfristig jährliche Lohnerhöhungen über der Inflationsrate. Je nachdem, wie gut es in der Wirtschaft geht, muss das Plus über der Inflationsrate definiert werden. Es hat sich aber auch gezeigt, dass die Einkommen aus dem Vermögen heftigen Veränderungen unterworfen sind – siehe Wirtschaftskrise. Am meisten verloren haben Aktienbesitzer, also nicht die Bezieher fester Einkommen.

Was allerdings auch die Fragwürdigkeit der Absicherung von Pensionsgeldern in Aktienwerten beweist. Sollte es auch eine strengere Regelung für die Veranlagungspolitik von Pensionskassen und Bundesfinanzagentur geben?

Ja, ich bin dafür, dass man hier mehr Sicherheit schafft. Nur muss man wissen, dass dann die Erträge geringer ausfallen. Man muss in Zukunft bei derartigen Systemen den Leuten sagen, welche Chancen und welche Risken damit verbunden sind. Mehr Ehrlichkeit und Transparenz sind erforderlich.

Zur sozialen Gerechtigkeit noch eine Frage: Wir haben in den letzten Jahren immer wieder diskutiert über eine soziale Grundsicherung bis hin zum erwerbslosen Grundeinkommen. Die ÖVP war da eigentlich immer sehr skeptisch und hat argumentiert, tendenziell würden die Menschen da sozusagen zum Nichtstun auf Kosten anderer angeregt. Woher kommt dieses eher misstrauische Menschenbild?

Das hat nichts mit einem misstrauischen Menschenbild zu tun. Die bedarfsorientierte Grundsicherung wird von uns bejaht. Genau an dem Tisch, an dem Sie jetzt als Interviewer sitzen, sind Sozialminister Erwin Buchinger und Wirtschaftsminister Martin Bartenstein gesessen, da haben wir den Durchbruch bei der Grundsicherung geschafft. Die ÖVP hat immer Wert darauf gelegt, dass eine bedarfsorientierte Grundsicherung nicht ein Arbeitsloseneinkommen sein darf. Wir haben gesagt, es muss klar sein, dass der Regelfall in der

Gesellschaft ist, dass jeder Arbeitsfähige seinen Beitrag durch Arbeit leistet. Wenn jemand nicht arbeiten kann, muss der Sozialstaat einspringen. Das eine ist die Arbeitsleistung, die einen gerechten Lohn erfordert, und das andere ist eine sozialpolitische Maßnahme – das muss man unterscheiden. Jenen, die arbeiten wollen und nicht können, muss ich anders helfen als jenen, die nicht arbeiten wollen.

Oberösterreich lebt sehr von Orten mit funktionierender Infrastruktur: Kleingewerbe, Postamt, alles Mögliche gehört dazu. Hat die Politik da eine Aufgabe, die lokale und regionale Infrastruktur zu erhalten und damit auch einen Mittelstand, der kleinteilige Strukturen funktionsfähig hält?

Wir brauchen ein starkes infrastrukturelles Netz, aber das infrastrukturelle Netz des Jahres 2009 schaut anders aus als das infrastrukturelle Netz 1975. Es ist natürlich diskutabel, dass Postämter in Kleinstorten aufgehoben worden sind, wo die Tageslosung unter 100 Euro lag. Ich habe kein Verständnis, wenn man das in mittleren Orten oder in Tourismusgemeinden macht. Für mich ist aber auch wichtig, dass infrastrukturelle Einrichtungen, die wir vor 20 Jahren noch nicht gebraucht haben, etwa ein Technologiezentrum oder eine Höhere Technische Lehranstalt, neu geschaffen werden. Wir haben in der letzten Zeit auch ein paar Dutzend Kleinschulen aufgelöst. Aber wer hätte vor 20 Jahren daran gedacht, dass wir ein Glasfasernetz durch ganz Oberösterreich brauchen, weil jeder seinen Computer anschließen will?! Man darf also den Begriff der Infrastruktur nicht statisch sehen.

Was halten Sie von der neuen Sozialenzyklika Papst Benedikts XVI., „Caritas in veritate"?

Es war naheliegend, dass der Papst anlässlich der Weltwirtschaftskrise sich äußert, denn das steht in der guten Tradition der katholischen Soziallehre. Die differenzierte Verurteilung des Kapitalismus, und zwar seiner hemmungslosen Auswüchse, passte, obwohl schon seit langem konzipiert, als aktuelle und logische Konsequenz zu dem, was in den letzten Monaten vor sich gegangen ist. Die drei Imperative der katholischen Soziallehre hat einer ihrer großen Vordenker, der Oberösterreicher Univ.-Prof. P. Johannes Schaching SJ, schon vor vielen Jahren formuliert: Wir müssen sachgerecht, menschengerecht und gesellschaftsgerecht wirtschaften!

Hoamatland, Hoamatland ...

6.

Asylwerber und Zuwanderer, Sicherheits- und Schulproblem, Abschiebung oder Integration

Gibt es zu viele Ausländer in Oberösterreich?

Es ist Aufgabe der Europäischen Union, dafür zu sorgen, dass die Asylwerber in Europa einigermaßen gerecht verteilt sind. Österreich beherbergt, gemessen an der Einwohnerzahl, viermal so viele wie die Bundesrepublik Deutschland. Und es ist auch die Aufteilung der Asylwerber in Österreich unfair, weil einige Bundesländer ihren Verpflichtungen nicht nachkommen. Oberösterreichs Volkspartei fordert von diesen Ländern Strafzahlungen. Man muss natürlich fragen: Wer ist ein Ausländer? Ausländer ist jeder Mensch, der aus einem anderen Land kommt. Wir wissen aber ganz genau, dass man hier differenzieren muss, denn ausländische Mitarbeiter internationaler Unternehmungen, Forscher, Universitätsprofessoren etc. sind ja nicht das Problem. Ganz im Gegenteil: Diesen internationalen Geistesaustausch wird und soll es immer geben. Es arbeiten ja auch viele Österreicher in anderen Ländern. Hinterfragen muss man einfach die gemeinsame solidarische Aufgabe zur Beherbergung von Ausländern, die in irgendeiner Not zu uns kommen. Wie gehen wir mit Flüchtlingen um, wie gehen wir mit Menschen mit Migrationshintergrund um? Wir können nicht das Auffangbecken für alle sein. Aber wir haben, und dazu stehe ich, unsere Verpflichtungen aus den Menschenrechtsvereinbarungen zu erfüllen.

Die schwedische EU-Präsidentschaft hat sich in der zweiten Jahreshälfte 2009 auch die Erarbeitung einer EU-Asylrichtlinie zum Ziel gesetzt. Wie sollte denn eine solche nach Vorstellung Oberösterreichs oder auch aller österreichischen Bundesländer im Wesentlichen aussehen?

Derzeit sind weltweit rund 175 Millionen Menschen in anderen Ländern als denen, deren Staatsbürger sie sind, unterwegs. 1965 waren es 75 Millionen, 1985 immerhin erst 105 Millionen. Ich glaube, das Entscheidende angesichts dieser Völkerwanderung im 21. Jahrhundert ist, dass wir konsequent die Armut in den Ländern bekämpfen helfen, aus denen die Leute wegrennen, weil ihnen die wirtschaftliche Grundlage zu unsicher ist. Es kann nicht sinnvoll sein, dass die intelligenteren und mobileren Leute ihre Heimatländer verlassen, obwohl diese sie benötigen würden. Auf der anderen Seite habe ich Verständnis, dass jeder Mensch seine Situation verbessern möchte. Daher kann die erste Konsequenz nur sein: Entwicklungshilfe, Aufbau vernünftiger Strukturen in diesen Ländern, Zugang zu allen Bildungsmöglichkeiten, damit das Weglaufen nicht so attraktiv ist. Der zweite Punkt ist, dass eine europäische Charta Gerechtigkeit in Europa schaffen muss. Auch EU-Kommissionspräsident Barroso hat gesagt, dass es hier eine starke Schieflage gibt. Wieso muss Frankreich, muss Deutschland, muss Großbritannien deutlich weniger Flüchtlinge, bezogen auf die Einwohnerzahl, aufnehmen als Österreich? Ich bin dafür, dass jeder Staat seine humanen Aufgaben erfüllt, aber eben in einer angemessenen Größenordnung. Und drittens erwarte ich mir, dass die Europäische Union zum Thema Integration klar die Verpflichtungen der Integrationswerber definiert. Das Erlernen

Landesempfang für Neubürger: Das oberösterreichische Integrationsleitbild ist eine Art Kompass für die nächsten 20 Jahre.

der Sprache des Aufnahmelandes ist unverzichtbar: Ohne Sprachkenntnis ist dauerhafte Integration nicht möglich!

Wie viele Asylsuchende gibt es in Oberösterreich, wie viele Ausländer, die in ganz anderer Kapazität, etwa als Mitarbeiter von Firmen, tätig sind, leben in Oberösterreich? Gibt es so etwas wie ein Zuwanderungskonzept, ein Einbürgerungskonzept, denn es muss ja die Landesbürgerschaft verliehen werden, damit jemand Österreicher wird. Kein „Land der Berge, Land am Strome" ohne „Hoamatland, Hoamatland ..."

Wir haben in der Landesregierung im Juli 2009 das Integrationsleitbild beschlossen. Dieses Leitbild wurde unter Einbeziehung aller Organisationen, die sich mit Integration beschäftigen, und aller politischen Parteien sowie aller betroffenen Religionsbekenntnisse erarbeitet und es ist so etwas wie ein Kompass oder ein Grundsatzbuch für die nächsten 20 Jahre herausgekommen. Genaue Zahlen kann ich nicht nennen, aber ich kann sagen, dass etwa 12 Prozent der Bewohnerinnen und Bewohner Oberösterreichs sogenannte Ausländer sind. Wie sie sich zusammensetzen, weiß ich nicht auswendig, aber Tatsache ist, dass viele in der Bevölkerung auch bereits eingebürgerte Ausländer weiterhin als Ausländer betrachten. Natürlich sind sie dann Österreicher, und das anerkenne ich auch, aber ich kann die Realität nicht ignorieren. Und ein dritter Punkt, der mir ganz wichtig ist: Auch der Aufzunehmende muss Regeln einhalten. Er kommt in ein Land, in dem er Gast ist und sich wie ein Gast benehmen muss. Ich bin wirklich kein Ausländerfeind, aber das muss man auch sehen: Ausländer haben einen überproportionalen Anteil an den Straftätern.

12 Prozent Ausländer, zirka 25 Prozent Straftäter, stimmt das?

Ja, und wenn man die in den letzten zehn Jahren eingebürgerten Ausländer dazunimmt, ist man in der Strafstatistik bei über 40 Prozent.

Gibt es Untersuchungen, die zeigen, worin die Ursache dieser erhöhten Kriminalität liegt? Ist das eine Folge von mangelnder Integration?

Ich glaube, das kann auch eine Folge mangelnder Integration sein. Aber permanent zu sehen, den anderen geht es weit besser als mir, birgt natürlich auch eine ständige Versuchung. Und unsere Gesellschaftsordnung, die für uns selbstverständlich ist, ist es für sie eben nicht oder noch nicht. Das gilt selbstverständlich nicht generell für Ausländer. Ich bin sehr dafür, dass man die Absichts- und Gewohnheitskriminellen konsequent zurückschickt, auch zum Schutz der Anständigen, mit denen sie nicht in einen Topf geworfen werden sollen.

Das Thema Spracherwerb war schon ein Streitthema zwischen Innenministerium und Sozialorganisationen. Wann und wie soll der Spracherwerb nachgewiesen werden?

Wir haben in Österreich nicht die erste Integrationswelle. Wir haben nach 1945 Angehörige vieler Volksgruppen, die heute bei uns sind, aufgenommen: Siebenbürger, Donauschwaben, Böhmerwäldler. Wir haben nach dem Ungarn-Aufstand 1956 tausende Flüchtlinge aufgenommen, eine größere Anzahl auch nach der Niederschlagung des Prager Frühlings 1968. Und immer ist die Integration eigentlich erfolgt über die Sprache. Das hat sich bewährt. Diese Gruppen, diese Heimatvertriebenen gehören zu denen, die den Wiederaufbau Oberösterreichs ganz wesentlich mitgestaltet haben.

Bei denen die Sprache freilich meist kein Problem war …

Wo die Sprache kein Problem war – zum Teil, denn es sind ja auch anderssprachige Altösterreicher aus der österreichisch-ungarischen Monarchie gekommen. Gezeigt hat sich jedenfalls: Wenn jemand kommt, der das österreichische Gesellschaftssystem akzeptiert, muss er nicht seiner alten Heimat abschwören, das möchte ich ganz deutlich sagen. Aber er muss sich in den Rahmen fügen, den der aufnehmende Staat vorgibt. Ich kenne keine überzeugteren Siebenbürger als jene, die in Oberösterreich wohnen. Sie sind aber genauso überzeugte Oberösterreicher. Bei den neuen Fremden entdeckt man im Gegensatz dazu schon auch separatistische Tendenzen. Wenn ich da etwa an meine Pfarre denke, gibt es da zwei Gruppen: sehr gemäßigte Türken und auch sehr fundamentalistische, die nicht an Integration denken.

Beim Spracherwerb ist wohl zu unterscheiden zwischen Zuwanderern und Asylwerbern: Einem Asylwerber wird man nicht zumuten können, vorher die Sprache zu erwerben, denn der flüchtet in einer Notsituation. Also die klammern wir aus. Es geht hier um Zuwanderung.

Richtig.

Ab welchem Zeitpunkt kann man realistischerweise den Spracherwerb zu einem Thema oder einem überprüfbaren Kriterium machen?

Ab dem Zeitpunkt, an dem sich die Perspektive des Bleibens zeigt.

Wenn ein Antrag auf Einbürgerung gestellt wird?

Nein, schon früher, denn derjenige, der wartet, dass er im achten oder neunten Jahr seines Hierseins einen Antrag auf Staatsbürgerschaft einbringt, weiß in der Regel schon im zweiten Jahr, dass er das Bleiben anstrebt. Wenn er will, dass er in der Arbeitswelt, in der Gesellschaftswelt, in seiner Wohnwelt integriert wird, führt kein Weg an der Sprache vorbei. Wenn er oder sie aber sagt: „Das will ich gar nicht oder das verhindere ich", dann geht das in Richtung Separatismus, und dieser Weg ist sicherlich abzuwenden.

Ich glaube, da sind national-religiöse Gründe dahinter, und manchmal auch Abschottungs- und Separatismusgründe. Diese Leute sagen: „Ich will da in meiner türkischen Gruppe oder in meiner muslimischen Gruppe daheim sein, auch in meiner alten Sprache."

Also in einer Parallelgesellschaft?

Das ist der richtige Ausdruck. Die Tendenzen zur Parallelgesellschaft kann man als Staat nicht dulden.

Welche Möglichkeiten einzugreifen hat man?

In erster Linie bei den Kindern, über die Schule. Ein Nebeneffekt des Gratis- und Pflichtkindergartens im dritten Jahr wird sein, dass das Sprachelernen damit zur Pflicht wird. Bisher war alles freiwillig. Da hat es Sprachgutscheine gegeben, die bis zu 30 Prozent nicht eingelöst worden sind, obwohl das Angebot unentgeltlich war.

Kann man also annehmen, dass dieses Integrationsleitbild, weil es einmütig erarbeitet und verabschiedet wurde, auch den Populismus einbremsen und mehr Sachlichkeit bringen wird?

Das wäre schön, aber das glaube ich nicht. Diejenigen, die im Antiausländerthema einen politischen Vorteil sehen, werden es immer ausspielen. Auf der einen Seite sind es die Populisten, die sich auf dem Rücken dieser Menschen einen politischen Vorteil verschaffen, und auf der anderen Seite die sogenannten Gutmenschen, wie sie viele bezeichnen, die die Augen zumachen. Dazwischen liegt die Realität. Wer bestreitet, dass wir in Oberösterreich ein Ausländerproblem haben, insbesondere in den Städten oder in den großen Gemeinden mit ihren Ghettobildungen, der lügt sich einfach in den Sack. Aber ich muss deswegen nicht zum Ausländergegner werden. Ich glaube, dass der Weg der Mitte der richtige ist: zu sagen, wir nehmen auf in dem Ausmaß, das uns möglich ist, wir betreiben Integration, wir verlangen den Spracherwerb und wir verlangen das Einhalten der Gesetze. Wir verlangen einen konsequenten Umgang mit denen, die Gesetze brechen, und wir bemühen uns darum, dass die Gemeinden Ghettobildungen vermeiden usw.

Die abschätzige Formulierung „Gutmenschen" kränkt natürlich jene, die wirklich gute Menschen zu sein sich bemühen und der Politik gelegentlich Mängel vorwerfen, ohne dass sie deswegen wirklichkeitsferne Träumer wären.

Den Begriff habe nicht ich erfunden. Den habe ich jetzt nur gebraucht, um pointiert unterscheiden zu können. Ich will absolut niemanden kränken.

Man weiß aus Untersuchungen, dass zum Beispiel die Kriminalitätsfurcht sehr viel zu tun hat mit dem Empfinden von eigener sozialer Unsicherheit. Personen, die sich selbst sozial ungesichert fühlen, sind tendenziell auch eher Ausländern gegenüber sehr kritisch, weil sie diese als Bedrohung empfinden. Ist dort auch ein Ansatzpunkt für Politik? Muss man auf die soziale Sicherheit nicht genau o schauen wie auf die Ausländer?

Das stimmt. Der Schwächere in der Gesellschaft sieht sich immer am meisten bedroht. Der Arbeiter in der Fabrik sieht, da kommen so viele Ausländer, die nehmen uns die Arbeit weg! Natürlich bedarf es auf dieser Ebene auch einer Aufklärungspolitik. Es kommen ja nicht Heerscharen von Lehrern oder Ingenieuren, sondern es kommen viele Leute, die eine einfache Arbeit suchen.

Bei Personen türkischer Herkunft kommt immer auch die Frage der anderen Religion ins Spiel, und da gibt es unterschiedliche Modelle. Die einen sagen, man sollte sie mit ihren religiösen Handlungen und Bedürfnissen integrieren, ihnen die gleichen Rechte zugestehen wie anderen Religionsgemeinschaften, man sollte sie auch in der Mitte der Ortschaften ihre Bethäuser und Moscheen errichten lassen. Und andere sagen: „Nein, das kann so nicht sein! Da muss man sich auch zuerst einmal hinten anstellen und langsam in die Gesellschaft hineinwachsen.“ Welche Position hat da Landeshauptmann Pühringer?

Zum Ersten bin ich für Religionsfreiheit, das ist klar. Ich bin aber auch dafür, dass in der Türkei die Religionsfreiheit der Christen gewährleistet wird und nicht nur bei uns die der Muslime. Zweitens: Jede Gruppierung, die kommt, muss schauen, dass es einen gesellschaftlichen Konsens gibt. Und jeder, der provoziert, muss wissen, dass auf Provokation geantwortet wird. Ich habe dieses und jenes erlebt in Oberösterreich. Wer versucht, einen Konsensweg zu gehen, mit dem hat es in der Regel solide und gute Lösungen gegeben. Ein Problem besteht darin, dass manche sehr provokant auftreten und Forderungen stellen, die von der Mehrheit der Gesellschaft nicht oder noch nicht akzeptiert werden. Wir sind nun einmal ein christliches Land mit zwei christlichen Religionen. Ich muss als Zuwanderer wissen, welchen Platz ich in einer solchen Gesellschaft einnehmen kann. Wenn Zuwanderer provozieren, regt sich die Bürgerschaft auf. Ich kann nicht auf der einen Seite sagen, ich will mündige Bürgerinnen und Bürger, die Verantwortung für ihren Lebensraum übernehmen, und dann sind sie, wenn sie sich in solchen Fragen kritisch zu Wort melden, Menschenhasser und was weiß ich was.

Kann man das provozierende Fordern ein wenig konkretisieren? Was wollen denn die meisten Zuwanderer, von denen sich Heimische provoziert fühlen?

Wenn ich etwa ein Minarett bauen möchte in einer Gemeinde, wo es eine überwiegende Mehrheit von Christen gibt, und das womöglich an einem provozierenden Ort, und wenn ich womöglich aufgrund des bisherigen Auftretens ohnedies schon in einer gewissen heiklen Beziehung zur Ortsbevölkerung stehe, dann betrachte ich das als Provokation.

Es geht auch um symbolische Handlungen, zum Beispiel ob eine politische Partei Menschen mit Migrationshintergrund als Mandatarinnen oder Mandatare hat. Wie sieht das in der ÖVP aus?

Wir haben auf der Ortsebene in größeren Gemeinden Mandatare mit Migrationshintergrund, bei Land und Bund in Oberösterreich nicht. Es ist aber auch niemand in den Gremien oder auch in den Bezirken, sodass sie durch die Konvente nominiert werden könnten. Das ist derzeit, glaube ich, auch bei den anderen Parteien, ausgenommen die Grünen, nicht anders, weil das einen länger dauernden Prozess voraussetzt. Auf der Landesebene hat es die Debatte bisher überhaupt noch nicht gegeben.

Immer wieder wird konstatiert, dass Österreich auch im internationalen Vergleich eine ausgeprägtere fremdenskeptische bis fremdenfeindliche Haltung aufweist. Woher kann das kommen?

Ich glaube, dass das in erster Linie daher kommt, dass uns ein zu hoher Anteil an Asylsuchenden zugemutet wurde. Wenn nur so viele da sind, die man auch ordentlich integrieren kann, dann, glaube ich, würde die Situation anders aussehen.

De facto hat es in Österreich immer einen gar nicht so geringen Anteil an Ausländerinnen und Ausländern gegeben, man denke nur an die Gastarbeiterwelle der 70er Jahre, als sehr viele aus Jugoslawien gekommen und geblieben sind. Man denke aber auch an die Pflegesituation der vergangenen 15 Jahre, an die Krankenbetreuung, das Bauwesen, die Reinigungsfirmen usw. Überall brauchen wir ausländische Arbeitskräfte. Und trotzdem haben sie weithin kein gutes Image. Läge da nicht eine Aufgabe der Politik, solche Menschen, die wertvolle Arbeit bei uns leisten, mehr zu würdigen und ihnen den verdienten Stellenwert einzuräumen?

Ja. Einmal muss man anerkennen, dass diese Menschen zum Teil Arbeiten leisten, die die einheimische Bevölkerung gar nicht mehr erbringt. Andererseits erfahren Gastarbeiterinnen und Gastarbeiter in speziellen Bereichen auch die entsprechende Wertschätzung. Nur das fließt in das herkömmliche Bild, das die Gesellschaft von Ausländern hat, viel zu wenig ein. Wenn einer heute am Wirtshaustisch über die Ausländer schimpft, meint er nicht die philippinische Krankenschwester und auch nicht den, der in der Müllsortieranlage steht oder den Gastarbeiter am Bau, sondern er meint den, der im Ortszentrum randaliert oder in der Altstadt Unruhe stiftet und in Streitereien verwickelt ist. Das stärkt meine These, dass man mit Ausländern, die mit dem Gesetz über Kreuz kommen, konsequent umgehen muss. Wenn wir dort konsequenter sind, dann dienen wir der Gesamtheit der Ausländer.

Wir haben in Österreich heftige Asyldebatten. Wie wirkt sich denn der neu geschaffene Asylgerichtshof in Oberösterreich aus?

So, dass Gott sei Dank die Asylverfahren nicht mehr so lange dauern. Wenn einer im Asylverfahren unterliegt und nach einem oder eineinhalb Jahren zurückgewiesen wird, dann ist auch diese „Zurückweisung" wesentlich humaner als nach fünf oder sechs Jahren, in denen er soziale Bindungen entwickelt hat. Man soll das Verfahren gerecht, konsequent und in einem überschaubaren Zeitraum abwickeln. Der Asylgerichtshof trägt dazu bei.

Können Sie auch dem Argument etwas abgewinnen, dass eine Arbeitserlaubnis für integrations- und kooperationswillige Ausländer dazu beitragen würde, das Problem zu entschärfen? Jetzt stehen sie herum, dürfen bis zum Ende des Verfahrens nicht arbeiten und müssen die Hand aufhalten, da ist doch ein Widerspruch.

Das hat gestimmt zu der Zeit, als die Asylverfahren fünf Jahre gedauert haben. Jetzt würde ich davor warnen. Wenn ein Asylverfahren ein Jahr dauert und einer kriegt nach sieben Monaten einen Job und nach dem zwölften muss er ihn wieder aufgeben, weil er abgewiesen wird, dann ist das eine Härte gegen ihn und ein Problem für den Betrieb. Noch einmal: Das

Entscheidende sind gründliche, ordentliche, anständige, aber kurze Asylverfahren.

Soll es ein humanitäres Bleiberecht, was immer das jetzt rechtlich ist, geben oder nicht?

Das humanitäre Bleiberecht ist eine begrenzte Chance für jene Altfälle, die schon sehr lange im Land sind und wo die große Länge des Verfahrens nicht nur vom Betroffenen verursacht worden ist. Wenn Verfahren den von mir wiederholt genannten Kriterien entsprechen, braucht man darüber kein humanitäres Bleiberecht mehr zu stülpen.

Die ÖVP stellt derzeit die Innenministerin und die hat in letzter Zeit gerade zum Thema Asyl einige neue Vorschläge gemacht: schnellere Abschiebung von straffällig gewordenen, einmal bereits abgewiesenen Asylwerbern, Vorratsdatenspeicherung, mehr Schubhaft, höhere Strafen usw. Ist das eine Linie, die von Oberösterreich mitgetragen wird?

Das ist eine Linie, die von Oberösterreich und auch von der SPÖ mitgetragen wird. Die Vorschläge der Ministerin sind auch in der Bundesregierung einstimmig angenommen worden.

Eine gewünschte Zuwanderung scheint aufgrund der Entwicklung der Bevölkerungszahlen notwendig zu sein. Welches Klima muss geschaffen werden, damit sie auch tatsächlich möglich ist? Das heißt, dass erstens überhaupt Ausländerinnen und Ausländer dieses Land als attraktiv empfinden und dass zweitens Österreicherinnen und Österreicher bereit sind, sie auch aufzunehmen.

Ich glaube, dass Österreich als Land sehr attraktiv ist. Zusätzlich attraktiv muss man es für Forscher, für Wissenschaftler machen: durch mehrsprachige Schulen, mehrsprachige Kindergärten, ein stimmiges Umfeld. Den Österreichern aber muss man erklären, wie wichtig diese Berufe für uns sind und welch hervorragende Arbeit diese Menschen für unser Land leisten. Diese andere Seite ist derzeit vielfach nicht sichtbar.

Internationale Konzerne fangen damit an, Mitarbeiter etwa zu Sozialprojekten in andere Länder zu entsenden. Sie erwarten sich einen Vorteil, wenn ihr Personal die Kulturen anderer Länder kennt. Ist etwas Ähnliches zum Beispiel für die Landesverwaltung denkbar: dass man Mitarbeiterinnen und Mitarbeiter auch in anderen Kulturen einsetzt oder das Know-how von migrierten Mitbürgern in internationalen Beziehungen und Kooperationen stärker nutzt?

Wir schicken unsere Leute ins Ausland, wenn auch bisher nicht in der eben geschilderten Form. Diese müsste man überlegen. Aber ausländische, internationale Erfahrungen sind sicher sehr wichtig.

Beim Thema Asylwerber gab es auch den Vorwurf, dass eine Partei wie die ÖVP, die so starken Wert auf Familien legt, Familienzerreißungen zustimmen konnte: Zwei müssen heim, zwei dürfen bleiben.

Das sind die absoluten Ausnahmefälle, und die sind in den meisten oder allen Fällen selbst verschuldet, weil es illegale Einwanderungen gegeben hat. Wenn man dann ein Nachziehrecht schafft, obwohl die zuerst Angekommenen noch gar kein Bleiberecht haben, erzeugt man eine doppelte Dramatik, denn man muss dann nach einem halben Jahr nicht zwei heimschicken, sondern fünf. Alles hat eben zwei Seiten.

Aber ist es wirklich ein Verschulden, wenn alle Familienangehörigen zusammenkommen möchten, ohne dass es eine schuldhafte Absicht gibt, dem Gastland damit zu schaden?

Wenn einer schon rechtswidrig da ist, verschärft es die Lage, wenn sechs Personen rechtswidrig nachkommen. Sobald geklärt ist, dass der Betreffende bleiben kann, hat die Familienzusammenführung oberste Priorität. Von den Fremdenkontingenten, die wir haben, wenden wir 80 Prozent für Familienzusammenführungen auf.

Das führt zu einem anderen Problem. Die Rechtslage ist in der Regel so, dass man sagen kann, was der Rechtsstaat verlangt, ist das, was in der Regel die Behörde auch durchzuführen versucht. Nur die dabei verwendete Sprache ist oft so, dass der Eindruck entsteht, die meisten Asylwerber kämen rechtswidrig und seien auf Missbrauch gesetzlicher Bestimmungen aus. Was kann die Politik dazu beitragen, dass nicht alle Asylwerber für Gesetzesbrecher und alle Schwarzafrikaner für Drogendealer gehalten werden?

Generalverurteilung ist immer schlecht. Wir bemühen uns jetzt, mit den Maßnahmen des Integrationsleitbildes auch dem entgegenzuwirken.

Kann man ganz konkret Problemfelder mit Ausländern in Oberösterreich beschreiben? Wo spießt es sich – in der Schule, bei der Sicherheit?

Sicherheit ist das Hauptproblem, das viele Menschen erregt. Das Schulthema darf aber auch nicht missachtet werden. In Gemeinden wie meiner Heimatstadt Traun melden österreichische Eltern ihre Kinder ab. Es gibt Schulen mit 80 oder 85 Prozent Ausländern. Ich weiß, wovon ich rede, meine Kinder sind in solche Schulen gegangen. Ich bin hingestellt worden als unchristlich und ausländerfeindlich, weil ich gesagt habe, mehr als 30 Prozent, die die Sprache nicht ordentlich können, sollten nicht in einer Klasse sein. Aber ich bin der festen Überzeugung: Wenn die Inländer eine Minderheit sind, dann wird Integration nicht funktionieren. Da ist es ja gescheiter, ich mache reine Ausländerklassen, und wenn die dort dann die deutsche Sprache können, teilt man die Kinder auf die anderen Klassen auf.

Zum Schluss noch das Thema Kopftuch – auch mehr ein symbolisches Thema, bei dem es um die Möglichkeit geht, eine eigenständige kulturelle Ausdrucksmöglichkeit zu wahren. Es geht ja nicht nur ums Kopftuch, es ist auch denkbar, dass der Turban eines Sikh Anstoß erregt. Was gilt da für Oberösterreich, im Landesdienst zum Beispiel?

Da gibt es keine besonderen Vorschriften.

Also eine Lehrerin oder eine Krankenschwester mit Kopftuch in einem Landeskrankenhaus ist kein Thema?

Ich muss sagen, dass ich mit diesem Thema, seit ich Landeshauptmann bin, in keinem einzigen Fall befasst wurde. Es war noch nie ein Problem und soll als solches auch nicht herbeigeredet werden.

Und wie ist es mit dem Wahlrecht? Ab welchem Zeitraum, in dem sich Zuwanderer in Österreich aufhalten, sollen sie auf welcher Ebene das aktive und auf welcher das passive Wahlrecht erhalten?

Für mich hängt das Wahlrecht mit der Staatsbürgerschaft zusammen.

Kann man ein paar Beispiele gelungener Integration in Oberösterreich benennen?

Die gibt es in vielen, vielen Orten. Wenn ich zum Beispiel die Kulturgemeinschaft in Traun hernehme, die jetzt vor kurzem den Solidaritätspreis der „Kirchenzeitung“ bekommen hat, ist das so ein Beispiel, wo Integration sicherlich gelungen ist.

Fördert die Landesregierung solche Bemühungen?

Ja, dort, wo gute Integrationsprojekte verwirklicht werden, zum Beispiel im Kulturbereich, fördern wir das auch.

Europa ohne
Grenzen

7.

Das große Friedensprojekt muss durch ein Sicherheitsprojekt ergänzt werden

Wir haben gerade Wahlen zum Europäischen Parlament hinter uns. Der deutsche Publizist Philipp Blom hat gesagt, Hoffnung sei der Rohstoff, der Europa am meisten fehlt. Er meint damit, dass es nicht gelinge, in den Nationalstaaten Europa als positive Perspektive zu vermitteln. Woran kann das liegen?

Weil wir zu lange, Gott sei Dank, von Kriegen entfernt sind und daher das Grundanliegen Europas, ein Friedensmodell zu schaffen, heute weitgehend nicht mehr bewusst ist. Diejenigen, die im Krieg waren oder die unmittelbar nach dem Krieg aufgewachsen sind, haben gewusst, dass in der Vergangenheit Probleme in Europa durch Schlachten gelöst oder auch nicht gelöst worden sind.
Der größte Fortschritt, den die Politik jemals gemacht hat, war, dass alle an einem Tisch zusammengekommen sind, zuerst in der Montanunion, dann in der EWG, dann in der EG, schließlich in der EU. Sie haben die Verfügungsgewalt über alles, was man zum Kriegführen braucht, an die Gemeinschaft abgegeben. Daraus hat sich die Europäische Union entwickelt. Das ist der wirkliche Fortschritt, den es in der Politik gibt. Dass wir auf diesem Kontinent – sieht man von Nicht-EU-Staaten wie dem ehemaligen Jugoslawien ab – über 60 Jahre ohne Krieg leben, hat es in der Geschichte jahrhundertelang nicht gegeben.

Aber nicht weil die Europäer moralischer geworden wären, sondern weil sie durch immer stärkere Wirtschaftsverflechtung das

Kriegführen zwischen EU-Staaten wirtschaftlich und technisch unmöglich gemacht haben.

Richtig. Heute ist man an die Konferenztische gebunden. Das ist der ganz große Vorteil. Nur wird der nicht gesehen. Europa hat vieles weitergebracht. Gleich zwei Mal, und das ist weltpolitisch neu, hat Europa 2008 den Amerikanern die Führungsrolle abgenommen: bei der Beendigung des Georgien-Krieges und bei der Bewältigung der Finanzkrise. Es ist den Europäern zum ersten Mal gelungen, einen amerikanischen Präsidenten zu einem Weltfinanzgipfel zu drängen, bei dem unter anderem strengere Kontrollen für die Finanzmärkte beschlossen wurden. Wir wären weit schlechter aus der Krise herausgekommen, würden wir nicht in der Europäischen Gemeinschaft sein. Ich denke nur zurück, was wir Oberösterreicher bei Währungsausgleichen bezahlt haben. Ich denke an die Landwirtschaft und an Italien, wenn die Lira hinauf- und hinuntermanövriert wurde. Wir haben Millionen und Abermillionen zahlen müssen, damit unsere Exporte aufrecht geblieben sind. Das ist alles vergessen. Im Mittelpunkt unseres Bewusstseins steht nur die Europakritik, steht der Zentralismus, die Bürokratie. Damit ich nicht falsch verstanden werde: Die europäische Verwaltung hat auch viel falsch gemacht, und sie sollte weitaus beweglicher sein. Sie sollte sich nicht in Kompetenzen einmischen, die die Nationalstaaten und die Regionen besser lösen können. Aber die Grundidee, ein Europa des Friedens zu schaffen, darf man nicht madig machen. Wir alle müssen uns überlegen, wie wir das den Leuten auch 60 Jahre nach einem Krieg noch vermitteln können.

Bundesheer-Angelobung in Ried im Innkreis: Europa als Friedensprojekt verändert auch die Aufgaben eines Heeres.

Aus einer globalen Perspektive geht es nicht nur um das Friedensprojekt Europa, sondern da scheint es, dass die Europäische Union auch wirtschaftlich und politisch ohne Alternative ist.

Richtig, ich halte Europa für alternativlos. Das ist das richtige Wort. Die Alternative wäre das Zurückfallen in die Nationalstaaten, wäre keine Einigung in Sicherheitsfragen, wäre keine grundsätzlich gemeinsame Außenpolitik, wäre keine grundsätzlich gemeinsame Wirtschafts- und Agrarpolitik. Die Länder in Europa, auch Österreich, würden sich anschauen, was das für sie bedeutet. Ich halte vieles für reparaturbedürftig, aber ich halte das Grundanliegen der europäischen Integration für aktueller denn je.

Wohin sollte die europäische Entwicklung in den jeweiligen Strukturen gehen?

Die europäische Entwicklung muss in den Strukturen dahingehen, dass die Verwaltung schlagkräftiger wird, dass die Abläufe kürzer werden, dass die Kompetenzen weniger werden. Man muss sich in Brüssel ehrlich fragen, ob man sich bis in Kleinigkeiten die Entscheidungen vorbehalten muss. Man muss die Schlagkräftigkeit dort stärken, wo eine europäische Kompetenz sinnvoll ist.

Nach welchem Prinzip kann das funktionieren? Wie müssen die Institutionen ausgestattet sein, dass sie für die ganze Europäische Union sprechen können und trotzdem nicht nach einem zentralistischen Modell funktionieren?

Ich glaube, dass das nur über eine Kompetenzbereinigung geht. Das Unbehagen an Europa haben wir nicht, weil es einen Rat, eine Kommission und ein Parlament gibt. Das ist durchaus im normalen Bereich. Das Unbehagen haben wir, weil die europäischen Institutionen mit Zuständigkeiten überhäuft sind.

Kann man die jüngst erfolgte Zurücknahme der Regulierung der Gurkenkrümmung schon als einen hoffnungsvollen Schritt in diese Richtung ansehen?

Plakativ gesagt, ja. Genau das sind die Dinge, die natürlich nicht hunderte EU-Beamte beschäftigen, aber wo man sagt, das geht zu weit! Aber ich glaube, wir müssen uns grundlegend fragen, wo wir wirklich eine europäische Lösung brauchen und wo nicht. Es war ja lächerlich, dass die Gurkenkrümmung geregelt war, aber die Sicherheit der Atomkraftwerke nicht – weil man sich nicht hat einigen können mit den Franzosen, mit den Deutschen und noch ein paar anderen, die selbst

Kraftwerke haben. Bei einer ganz entscheidenden Frage, die europäisch eine Rolle spielt, weil Emissionen ja nicht an Landesgrenzen haltmachen, hat Europa nichts bieten können. Aber bei Kleinigkeiten wie der Beschaffenheit von Marmelade wird Europa auf einmal stark. Und das macht unglaubwürdig.

Es gibt Kritiker, die sagen, eine Landesregierung sei eigentlich nur mehr ein ausführendes Organ von EU-Bestimmungen.

Das ist übertrieben. Eine Landesregierung ist überhaupt ein ausführendes Organ. Sie führt Bundesbestimmungen, Landesbestimmungen, EU-Bestimmungen aus. Wir sind kein Parlament. Wesentlich ist, dass Europa Kompetenzen zurücknimmt und sich auf das Wesentliche konzentriert. Dann wird Europa mit der Zeit eine andere Vorstellung bei den Menschen entwickeln.

Kommen wir zum Thema Sicherheit. Das Gefühl der Unsicherheit durch die offenen Grenzen ist bei manchen vorhanden – gerade, wenn es um das Thema Kriminalität geht. Manche fordern sogar eine teilweise Zurücknahme der Bestimmungen über den freien Personenverkehr innerhalb der Mitgliedstaaten des Schengener Abkommens. Oberösterreich ist auch ein Grenzland, ein geöffnetes Land. Wie ist Ihre Position dazu?

Es wäre ein falscher Lösungsansatz, Schengen zurückzunehmen. Die Sicherheitspolitik braucht Fortschritt und nicht Rückschritt. Ein Nationalstaat ist sowieso auf verlorenem Posten, wenn er glaubt, gegen grenzüberschreitende Kriminalität national vorgehen zu können. Dazu braucht es die internationale Vernetzung, und die funktioniert auch weitgehend. International organisierte Kriminalität zu bekämpfen, ist ein hoher Anspruch. Das bedarf des planmäßigen Vorgehens und vor allem braucht es die enge Zusammenarbeit des Informationsnetzes der Sicherheitskräfte in Europa. Ohne dieses Netz ist man internationaler Kriminalität hilflos ausgeliefert – auch wenn Populisten behaupten, eigene Wachkörper an den Grenzen würden das lösen. Die werden gar nichts lösen, wenn sie nicht im internationalen Informationsnetz sind. Und daher muss man der Frage der Sicherheit einen extrem hohen Stellenwert geben. Das ist eine europäische Frage. Man muss international agierenden Kriminellen das Handwerk legen. Dort muss die EU klotzen und nicht kleckern. Dort ist eine ihrer Hauptaufgaben. Die muss man in Zukunft noch stärker ausbauen.

Das heißt, mehr Polizisten, mehr Sondergruppen, mehr Sonderkommandos, die versuchen, die organisierte Bandenkriminalität erfolgreicher zu bekämpfen?

Richtig. Sie brauchen auch das Zutrittsrecht in die nationalen Einheiten usw., denn sonst können sie nicht grenzüberschreitend wirken.

Oberösterreich hat, wie andere österreichische Bundesländer auch, von der Ostöffnung wirtschaftlich sehr profitiert. In der regionalen Entwicklung, besonders in der Zusammenarbeit zum Beispiel mit Tschechien, hat sich nicht besonders viel entwickelt. Woran liegt das?

Die offenen Grenzen haben unserem Land sehr viel gebracht. Bis zum Fall des Eisernen Vorhangs 1989 war das Mühlviertel sozusagen am Ende der Welt. Die Mühlviertler Entwicklung ist ein Paradebeispiel dafür, wie offene Grenzen ein Land beleben können. Bei den Betriebsgründungen haben wir seit dem Fall des Eisernen Vorhanges 60 Prozent plus, bei den Arbeitskräften 25 Prozent plus. Das war eine Entwicklung, die ohne Grenzöffnung nicht so passiert wäre. Wir haben in der Beziehung Oberösterreich – Tschechien jedoch zwei belastende Kapitel, die wir nicht unterschätzen dürfen. Trotzdem funktioniert die Zusammenarbeit nicht schlecht.

Da geht es um die Beneš-Dekrete und um Temelin?

Richtig. Wir haben zehn Sitzungen der Landesregierungen von Südböhmen und Oberösterreich gemeinsam abgehalten. Das ist ja nicht wenig. Natürlich belastet die Beneš-Dekret-Geschichte die Menschen in unserem Land. Oberösterreich hat die meisten Heimatvertriebenen aller Bundesländer. Die Heimatvertriebenen verstehen nicht, dass in der Tschechischen Republik und mit EU-Duldung heute noch die Beneš-Dekrete, die Rechtsgrundlage vieler positiver Maßnahmen, aber halt auch der Vertreibung waren, aktuelles Verfassungsrecht sind, wenngleich dieser Teil totes Recht ist. Das Zweite ist das Kernkraftwerk in Temelin, wo eine Provokation der anderen folgt. Es war für mich gar nicht so einfach, dass wir trotz Temelin, trotz Beneš-Dekreten, immer wieder eine gute Gesprächsbasis, auch mit den Kreishauptleuten, mit den Kreisregierungen des angrenzenden Südböhmischen Kreises erreicht haben. Aber das ist weitgehend gelungen.

Gibt es in diesen beiden Fragen nächste Schritte?

Ich sehe sie nicht. Zum einen sehe ich eine Renaissance der Atomkraft in ganz Europa und keine Einsicht der Tschechen, dass das Kraftwerk Temelin überhaupt nicht allen modernen Sicherheitsstandards entspricht und es auch wirtschaftlich schwer vertretbar ist. Bei den Beneš-Dekreten verhindert eine Art Nationalstolz auf Edvard Beneš, den Mitbegründer und einstigen Staatspräsidenten der Tschechischen Republik, eine Weiterentwicklung. Ich wundere mich, dass so etwas in der Europäischen Union möglich ist und dass nicht seitens der EU eingeschritten und gesagt wird: „Das sind Rechtsbestände, die haben zu Menschenrechtsverletzungen geführt, da müsst ihr euch was anderes einfallen lassen!"

Wir haben in Österreich einen sehr hohen Sozialstandard. Es gibt immer wieder Befürchtungen, dass durch eine Stärkung der EU die Sozialstandards nach unten nivelliert werden könnten.

Das darf nicht passieren. Ich glaube, da muss es Aufgabe der Europäischen Union sein, Mindeststandards zu fixieren. Aber Ländern, die sozial mehr leisten wollen, darf nichts im Wege stehen. Überhaupt sollte meines Erachtens die EU nur die Mindeststandards regeln. Sie darf aber nicht sagen, besser dürfen die Schulen nicht werden, besser dürfen die Forschung und die Universitäten nicht werden, besser dürfen die Sozialleistungen nicht werden! Das ist undenkbar. Die EU muss Mindeststandards festlegen, aber darüber hinaus den Ländern die Freiheit für Besserstellungen lassen.

Wie kann Integration aus Ihrer Sicht weitergehen? Wir haben in Europa etliche Regionen, die darauf warten, zur EU zu kommen. Ist das eine realistische Perspektive in den nächsten fünf Jahren?

Ich sehe eine realistische Perspektive für Kroatien und allenfalls Island, und ich glaube, dass die EU gut beraten ist, wenn sie sich dann eine Verschnaufpause gönnt und sagt: „Wir müssen einmal schauen, wie wir mit dann 28 Mitgliedstaaten zurechtkommen!“

Der Beitritt der Türkei ist kein Thema?

Für mich absolut nicht. Ich gehe bei der Definition von Europa nach der Landkarte vor. Und es sind keine zehn Prozent der Türkei, die in Europa liegen. Außerdem wäre das in mehrfacher Hinsicht eine glatte Überforderung der EU. Finanziell und wirtschaftlich sowieso, aber auch ein Land aufzunehmen, in dem die Grund- und Freiheitsrechte, nicht zuletzt die Religionsfreiheit, nicht gewährleistet sind, würde zu einer Zerreißprobe in der EU führen – und zu einer noch größeren Ablehnung der ganzen Union durch viele Bürgerinnen und Bürger in den Mitgliedstaaten.

Ist eine europäische Staatsbürgerschaft denkbar?

Die brauchen wir meines Erachtens nicht. Wir wollen keinen Europastaat, sondern dass die Bürger Österreicher, Deutsche, Briten, etc. bleiben, aber überzeugte Europäer in dem Sinn werden, dass Europa ein gemeinsames Haus ist, in dem sich selbstbewusste Nationalstaaten einbringen und gemeinsam für Frieden und Freiheit in Europa und für die Welt arbeiten.

Global denken – regional handeln

8.

Kein Kantönli-Föderalismus, aber nicht den Zentralismus stärken

Wozu brauchen wir einen Landeshauptmann oder eine Landeshauptfrau?

Erstens braucht eine Landesregierung einen Vorsitzenden, der die Koordinierungsaufgabe übernimmt und Regierungschef ist. Zweitens braucht ein Land einen offiziellen Verbindungsmann zum Bund, also zum Gesamtstaat. Das ist der Landeshauptmann. Er vertritt nach der Bundesverfassung das Land nach außen. Und drittens braucht ein Land einen Repräsentanten, durch den die Brücke zwischen Bevölkerung, Politik und Verwaltung hergestellt wird.

Das ist eine geradezu bescheidene Formulierung. Für viele ist der Landeshauptmann die Identifikationsfigur des Landes schlechthin. Lediglich in einem bestimmten Zusammenhang werden Landeshauptleute von Medien und anderen Kommentatoren oft kritisch bewertet: beim Jahrhundertthema Verwaltungsreform. Ein Österreich-Konvent von anerkannten Fachleuten hat zuletzt eineinhalb Jahre lang hart an Verfassungs-, Verwaltungs-, Föderalismusreform gearbeitet, angeblich gab es schon bedeutende Einigungen, aber herausgekommen ist wieder nichts. Wieder einmal schien es, als sei eine Konsenslösung nicht zuletzt am Kompetenz-Egoismus der Landeshauptleute gescheitert.

Eine Verwaltungsreform ist immer dann möglich, wenn man zuerst eine Aufgabenreform macht. Man kann nicht am Vormittag neue Gesetze beschließen und am Nachmittag die

Verwaltung abschaffen, die die Gesetze vollziehen muss. Wenn das Geringste passiert, heißt es gleich: Wo ist das geregelt? Entweder wir bekennen uns zu einem größeren Freiraum und verreglementieren nicht alles oder wir müssen zur Kenntnis nehmen, dass Regeln, die beschlossen werden, vollzogen werden müssen. Plakativ ausgedrückt: Zuerst müssen Paragrafen fallen, dann können Dienstposten gestrichen werden.

Dass damit keine Häuser verdient oder erspart werden können, haben wir früher (S. 105) ohnehin schon besprochen. Was aber die Neugestaltung des Föderalismus anlangt, zu dem sich alle Vernünftigen weiterhin bekennen, geht es um das Entstehen einer neuen Entscheidungsebene nach Gemeinde, Bezirk, Land und Nationalstaat, nämlich die der EU, wo schon über die Hälfte der Gesetze in ihrer Grundtendenz beschlossen werden. Muss man sich da in der Verteilung der Zuständigkeiten auf diesen fünf verschiedenen Ebenen etwas Neues einfallen lassen?

Die Länder sind absolut keine Reformverweigerer. Und man weiß, dass jeder Zentralismus letztlich zu einem Wasserkopf führt und zu einem Mehr und nicht zu einem Weniger an Verwaltung. Schon der frühere Präsident des Wirtschaftsforschungsinstituts, Prof. Helmut Kramer, hat deutlich gesagt, dass Zentralismus in der Regel nicht zu Einsparungen führt, sondern zu Mehrkosten. Es ist für die Lösung der Fragen auch besser, wenn sie näher beim Bürger angesiedelt sind. Und wenn wir von Kompetenzen reden: Der Bund hat seit 1995 an Kompetenzen gewaltig dazugewonnen, weil er praktisch die ausschließliche Vertretung österreichischer Interessen in der EU dazubekommen hat. Die Länder und die Gemeinden haben nichts dazubekommen außer der Verländerung der

Bundesstraßen, die sinnvoll war. Ich bin kein blinder Föderalist. Es gibt Themen, die kann man nur einheitlich und gemeinsam regeln. Aber ich sehe eine Menge Bereiche, in denen man ohne weiteres nach unten delegieren kann. Man könnte zum Beispiel trennen: Wissenschaft, Universitäten beim Bund, alles andere, was Schule und Bildung ist, bei den Ländern. Ich kann Denkmalschutz im Land genauso gut regeln. Wir verweigern uns nicht. Warum es zu keinen Kompetenzveränderungen gekommen ist, war im Wesentlichen darin begründet, dass der Bund uns mehrmals Kompetenzen angeboten hat, aber nicht das notwendige Geld für die Durchführung.

Das führt zur vieldiskutierten Frage, warum sich die Bundesländer weigern, eigene Steuern einzuheben, und sagen, wir wollen zwar Zuständigkeiten, aber das Geld soll der Bund zur Verfügung stellen, denn wir wollen nicht die unangenehmen Steuereintreiber sein.

Das ist genau die in Österreich zementierte Meinung: dass der Bund das Geld hat und einiges davon gnadenhalber an die Länder und Gemeinden weitergibt. Ich stelle fest: Die Steuerzahler sind Bundes-, Landes- und Gemeindebürger. Es gibt kein Bundesgeld, kein Landesgeld, kein Gemeindegeld. Es gibt ein Geld der Steuerzahler, und das wird beim Finanzausgleich in drei Töpfe gelegt. Ob ich das Geld für die Lehrer in den Landestopf lege oder in den Bundestopf, ändert überhaupt nichts an den Kosten. Ganz im Gegenteil. Ich bin der Meinung, wenn wir die Schulverwaltung in den Ländern ansiedeln, können wir sie effizienter machen. Und warum wir keine eigenen Landessteuern haben? Weil das international lachhaft ist, wenn das Burgenland mit 300.000 Einwohnern eine Steuerhoheit hat oder wenn bei uns in Mondsee andere Steuern gelten als in Thalgau. Die Thalgauer und die Mondseer fühlen sich als eine Einheit. Die Ennser und die Ennsdorfer sind eine Pfarre, aber zwei Gemeinden. Wenn die niederösterreichischen Gesetze in Ennsdorf gälten und in Enns die oberösterreichischen, würde das kein normaler Mensch verstehen. Wir können nicht neun Wirtschaftsräume und neun Steuerhoheitsgebiete in Österreich schaffen. Das ist alles leicht infantil.

Verländerung der Schulkompetenz: Wie könnte eine Einigung ausschauen und was könnte das konkret für die Landesverwaltung heißen? Welche Aufgaben würden dem Bund in Schulsachen nach Ihrem Modell bleiben?

Dem Bund bliebe nur die Aufgabe der Lehrplanfestlegung. Der Lehrplan muss österreichweit gleich sein, schon wegen des Zugangs zu den Universitäten. Zweitens muss die Schulzeitregelung gleich sein. In gewisser Weise auch die Lehrerbesoldung: Ich kann nicht die Lehrer in Niederösterreich besser bezahlen als in Oberösterreich und auf dem Land vielleicht ein wenig schlechter als in der Stadt. Mehr bräuchte ich eigentlich nicht.

Wäre ein einheitliches Besoldungsrecht für alle Kategorien von Lehrern im Interesse des Landes?

Selbst das wäre nicht notwendig, weil auch die Studienabschlüsse der Lehrer verschieden sind – pädagogische Hochschule oder Vollstudium mit Fach- und pädagogischem

Viele Diskussionen in und um Schulen: Unnütze Doppelgleisigkeiten beseitigen!

Studium. Aber übers Dienstrecht kann man reden, ob das länderweise verschieden oder einheitlich sein soll.

Aber es gibt schon seit 1993 das Perchtoldsdorfer Abkommen, in dem die doppelten Bildungsstrukturen als überflüssig oder reformbedürftig hingestellt werden und wo es heißt, durch eine Vereinfachung der Struktur sollten Bildungsregionen gebildet werden.

Das Perchtoldsdorfer Abkommen ist unterschrieben, aber nie vollzogen worden. Dazwischen hat der Österreich-Konvent wieder ein sehr dickes Papier produziert – zum Teil sehr gut, zum Teil realitätsfern. Man hätte jedenfalls genügend Unterlagen, man müsste es konkret angehen. Ich warne allerdings davor, zu meinen, da lägen die Milliarden drinnen. Das sehe ich einfach nicht.

Weil der Konvent angesprochen ist: Wenn man mit maßgeblichen Kennern spricht, erfährt man, Landeshauptmann Pühringer sei immer ein konstruktiver Mitarbeiter gewesen, habe alle sinnvollen Vorschläge aufzugreifen sich bereit erklärt. Er sei geradezu der Gralsritter Parzival unter den Landeshauptleuten. Die anderen hätten immer wieder Wenn und Aber ins Treffen geführt und dadurch ist praktisch nichts herausgekommen.

Angeblich habe ich die höchste Anwesenheitsquote gehabt unter den Landeshauptleuten, wenngleich auch ich mich oft entschuldigen musste. Ich glaube nur, dass wir es uns vor den Bürgern nicht mehr sehr lange leisten können, da herumzutun. Wir sollten endlich sagen, wir machen es oder wir lassen es. Die Verwaltungsreform vor uns herzuschieben und immer wieder darauf hinzuweisen, dass man da Milliarden einsparen könnte, ist eine Verhöhnung des Steuerzahlers. Entweder ich kann es wirklich einsparen, dann muss ich rasch etwas tun, oder ich muss zugeben, dass nicht so viel drinnen ist wie ursprünglich angenommen.

Und wie ist das mit der Harmonisierung des Beamtendienstrechtes insgesamt und einer Harmonisierung der Pensionssysteme?

Das haben wir in Oberösterreich im Gegensatz zu anderen Bundesländern vollzogen.

Und die Übernahme des modernen Budgetrechtes des Bundes durch die Länder?

Es ist denkbar, dass wir das machen, es ändert aber nichts an den Ausgabensummen. Das ist eine rein verwaltungstechnische Sache, indem ich dem einzelnen Regierungsmitglied mehr Spielraum in der internen Umgestaltung gebe. Ich fürchte nur, dass damit jedes Regierungsmitglied das bewilligte Geld zur Gänze ausgibt, während es, solange der Finanzreferent gewisse Regulierungsmöglichkeiten hat, oft nicht zu hundert Prozent der Ausgaben kommt.

Und die Krankenkassenreform, für die es jetzt ein Reformpaket des Hauptverbandes der Sozialversicherungsträger und der Ärztekammern gibt?

Dazu habe ich vor längerer Zeit meine Meinung geäußert. Ich glaube, dass neun Krankenkassen genug wären, und zwar neun Länderkrankenkassen, wo alle drinnen sind, ausgenommen die kleinen und positiv wirtschaftenden Kassen, die sich gegen eine Auflösung erfolgreich wehren werden, wie die Lehrerkrankenkasse und die Beamtenkrankenkasse. Aber Bauern, Selbstständige, Arbeiter, Angestellte sollen alle in der Oberösterreichischen Krankenkasse, das wäre mein Vorschlag. Dem werden natürlich die Wiener und jene, die immer aus dem Ausgleichsfonds der anderen Bundesländer leben, nie zustimmen.

Aber da wird zumindest der Parzival Pühringer sichtbar.

Wir haben ja auch eine Verfassungsklage eingebracht gegen die derzeitige Regelung, weil diese Oberösterreich enorm benachteiligt. In Wien ist schon Feuer auf dem Dach, weil sie in Wahrheit glauben, dass wir damit durchkommen werden.

Zur Spitälerreform: Da geistern legendäre drei Milliarden Sparpotenzial herum. Die sind sicher Illusion, aber auch ÖVP-

Gesundheitssprecher Erwin Rasinger hat kürzlich ganz nüchtern gemeint, ungefähr 500 Millionen seien drinnen und jedes zehnte Spital gehöre aus sachlichen Gründen eigentlich zugesperrt.

Na ja, Erwin Rasinger war noch nie Regional- und Lokalpolitiker. Er hat natürlich recht, 500 Millionen Euro, das glaube ich auch, dass man die einsparen kann. Aber nur um den Preis, dass ich Krankenhäuser schließe, und das muss er regional- und lokalpolitisch durchsetzen! Das heißt auch, einer Region 500, 800, 1.000 Arbeitsplätze wegzunehmen, denn zur Schließung kommt es nicht in Linz, Steyr oder in Wels, sondern in ländlichen Gegenden, wo Krankenhäuser oft die größten Arbeitgeber des Bezirkes sind. Was Rasinger sagt, ist die typische Antwort eines Wieners.

Genau das scheint das Problem aller Verwaltungsdiskussionen zu sein. Dort, wo es wirklich darum geht, etwas zu bereinigen, haben die jeweils zuständigen Politiker nicht den Mut zur Mitwirkung, weil sie einfach die nächste Wahl fürchten.

Da ist schon etwas dran. Darum sind Wahlen alle sechs Jahre wie in Oberösterreich besser als alle vier Jahre. Ich glaube, dass wir den Beweis geliefert haben, dass man vernünftig reformieren kann. Wir sind das einzige Bundesland, das eine Spitalsreform mit einem Kostendämpfungspotenzial von 75 Millionen Euro durchgeführt hat. Wir haben drei Kleinkrankenhäuser geschlossen, andere zusammengelegt. Wir haben die Kooperation der Barmherzigen Brüder und der Barmherzigen Schwestern, Enns ist eine Filiale von Steyr geworden, Sierning wird ebenfalls mit Steyr zusammenarbeiten, Grieskirchen und Wels sind zusammengegangen. Es hat sich gezeigt: Es gibt Einsparungspotenziale, nur sind sie nicht so fantastisch groß.

Im OECD-Vergleich ist die Spitalsaufenthaltsdauer in Österreich ziemlich hoch. Das hängt aber auch damit zusammen, dass die Gesundheitsstruktur auf Spitälern aufbaut. Mit einer einmal geschaffenen Struktur ist eine Veränderung in ein möglicherweise kostengünstigeres System ja kaum mehr möglich.

Das hängt damit zusammen, dass wir nicht eine Finanzierung aus einer Kasse haben. Der niedergelassene Bereich, also die praktischen und die Fachärzte, finanziert sich über die Sozialversicherung, der Spitalsbereich nur zum Teil, die Ausfallshaftung tragen Länder und Gemeinden. Daher schiebt der niedergelassene Bereich bei uns alles in Richtung Ambulanzen und Spitäler. Wir haben zu wenig Fachärzte, vor allem in den ländlichen Regionen, und die schließen, Sonntagsdienste ausgenommen, am Freitag zu Mittag.
Die Ambulanzen sind am Wochenende überfüllt und es wird viel in die Spitäler überwiesen, denn damit hat man den Kostenfaktor Patient im anderen Finanzierungskreis. Das Problem wäre nur zu lösen, wenn wir sagen, entweder die Länder oder die Sozialversicherung – ich meine Erstere – sollten die Gesamtfinanzierung haben. Du zahlst in deine Krankenkasse ein und damit sind bestimmte Leistungen verbunden, egal, ob sie im Spital oder beim niedergelassenen Arzt erbracht werden.

Damit ist aber schon wieder deutlich ein großer Reformbereich benannt.

Wir müssen auch die Spitalsambulanzen für niedergelassene Ärzte öffnen. Es ist ja unsinnig, dass in unseren Regionalspitälern ab 12 Uhr die teuer eingerichteten Ambulanzen bis zum nächsten Morgen unbenutzt leer stehen, wo ein Facharzt aus der Region seine Dienste anbieten könnte.

Noch ein Bereich: Laut Staatssekretär Reinhold Lopatka vom Finanzministerium hat das ganze Förderungswesen den Charakter eines „Wildwuchses der Sonderklasse" angenommen.

Das sehe ich nicht so. Natürlich kann man darüber nachdenken, ob manche Förderungen noch zeitgemäß sind. Aber Reinhold Lopatka war, glaube ich, auch nie Gemeinderat. Von Wien aus schaut manches anders aus. Ich lasse es mir nicht nehmen, dass ich einer Musikkapelle halt zehn Prozent zahle, wenn sie eine neue Uniform bekommt oder neue Instrumente kauft. Das ist Anerkennung ihrer ehrenamtlichen Tätigkeit. Die Ehrenamtlichen sind keine Vereinsmeier und keine Gschaftlhuber aus meiner Sicht, sondern besonders wertvolle Mitglieder der Gesellschaft. Und wir sollten alles tun, damit wir uns diese Art von Engagement erhalten und nicht alles dem Staat überlassen. In den Städten haben wir die Magistratsmusikkapellen, die spielen natürlich in der Regel, freilich nicht nur, in der Dienstzeit. Wenn ich in Linz einen Sportplatz errichte, müssen Magistrat und Land 100 Prozent zahlen. Wenn ich im Inn- oder Mühlviertel einen Sportplatz mache, habe ich auch 4.000, 6.000, 8.000 Stunden freiwilliger Robotleistungen der Mitglieder und Funktionäre!

Auch wenn die vieldiskutierte Verwaltungsreform keine Goldgruben öffnet, gibt es zum Beispiel eine Aktion der deutschen

Bundesregierung zum Thema Bürokratieabbau. Bürger und Wirtschaftstreibende werden befragt, wie die Bürokratie sie belastet: „Teilt uns das mit, wir wollen das ändern!" Gibt es etwas Vergleichbares bei uns?

Nein, weil die Bürokratie in Deutschland unvergleichlich größer ist als in Österreich. Wir haben viele Betriebsansiedlungen im Innviertel bekommen, weil uns die Unternehmen und Investoren gesagt haben: „Wenn wir bei euch eine Baugenehmigung haben, ist in einer deutschen Behörde der Akt noch nicht einmal beim Sachbearbeiter!" Bei Spatenstichen haben Festredner uns gesagt: „Wir sind zu euch gekommen, nicht weil die Gegend hier um so vieles schöner und nicht weil der Grund billiger ist, sondern weil bei euch die Bürokratie funktioniert!"

Noch einmal zur Frage der Verländerung von Strukturen: Wie groß sollten Ihrer Meinung nach gut verwaltbare Verwaltungseinheiten sein, wo der Mitteleinsatz und das Verwaltungsergebnis in einem optimalen Verhältnis zueinander stehen?

Das kann ich so nicht beantworten. Es hat eine Gemeinde mit vier Mitarbeitern oft eine effiziente Verwaltung, weil deren Aktionsgrad genau abgesteckt ist. Da kann eine Verwaltungseinheit mit 300 Leuten ineffizienter sein. Die Frage ist immer: Ist die Aufgabenstellung genau definiert und ist der Verwaltungsapparat für diese Aufgabenstellung gut aufgestellt? Größe spielt dabei keine entscheidende Rolle.

Aber es gibt dazu sozusagen zwei Slogans: „Small is beautiful" vom Salzburger Philosophen Leopold Khor, der sagt, je über-

schaubarer die Einheit ist, desto besser sei das Ergebnis. Und ein anderer Satz, den wir in letzter Zeit immer gehört haben: „Too big to fail", das heißt, wenn eine Organisation oder eine Einheit einmal so groß ist, dass kein Politiker es sich mehr leisten kann, sie in Konkurs gehen zu lassen, weil so viele Arbeitsplätze daran hängen, dann sichert die Größe das Überleben. Wo bewegt man sich da als Politiker?

Letzteres ist sicher schlecht für die Steuerzahler. Wenn sich der Politiker nicht mehr einzugreifen traut, dann entwickelt sich der bürokratische Apparat gigantisch. Ich mache das deutlich an der Schulverwaltung. Ich hielte es für einen Wahnsinn, wenn alle Lehrer Bundeslehrer wären und die gesamte Verwaltung im Ministerium angesiedelt wäre. Dann endet jedes Problem, das wir über den Landesschulrat vor Ort lösen könnten, im Ministerium. Das dauert um Monate länger und bringt für die Betroffenen nur Frustration. Ich hielte aber auch nichts davon, wenn wir in Oberösterreich 444 Schulverwaltungen bei den Gemeinden hätten. Die wären überfordert. Da ist das Land die richtige Einheit. Ich hielte es für genauso verkehrt, wenn ich die Europa-Agenden bei den Ländern ansiedeln wollte. Das geht bei der Außenpolitik und bei der Verteidigungspolitik oder der Währungspolitik nicht. Immer muss ich fragen: „Wo ist eine Aufgabe am besten angesiedelt?"

Gibt es Zuständigkeiten, die jetzt bei den Ländern sind, aber auch wegkommen könnten?

Ich glaube, dass sich manches aus dem Kompetenzbereich zu den Gemeinden befördern ließe.

Eröffnung von Linz 09 mit Bundespräsident Heinz Fischer: Linzer Torte als Symbol eines reich gegliederten Landes

Also eher nach unten und nicht nach oben?

Nach oben kann man das eine oder andere auch überlegen, nur glaube ich, wir haben so viel verloren im Laufe der letzten 20 Jahre und „die Oberen" haben so viel dazubekommen, dass ich da eigentlich kaum etwas sehe.

Radikalere Reformer erheben auch immer wieder einmal die Forderung, die Landtage abzuschaffen, die Bundesländer auf Verwaltungsaufgaben zu beschränken oder gar mehrere Bundesländer zusammenzulegen. Was hält der Landeshauptmann von Oberösterreich davon?

Ich glaube, so alt können wir alle nicht werden, dass das passiert. Der Landtag ist natürlich nicht mit riesigen Gesetzgebungskompetenzen ausgestattet, aber er ist auch das Organ zur Kontrolle der Regierenden, und so etwas wird es immer geben. Außerdem ist eine eigene Gesetzgebung ein Identität stiftendes Merkmal einer Gebietskörperschaft. Wenn die Landtage aufgelöst werden, ist die Frage nach der Sinnhaftigkeit der Länder zu stellen. Es hat immer wieder Bemühungen gegeben, Länder in Regionen zusammenzufassen, aber die Länder sind kulturell gewachsen, sind historisch gewachsen. Salzburg war 46 Jahre bei Oberösterreich. Die Oberösterreicher sind zwar der Meinung, das waren die besten Jahre für die Salzburger, nur die Salzburger sehen es nicht ganz so. Ich glaube, dass man diese Identitäten belassen muss. Wenn eine Gemeinde sagt, wir lösen uns auf und gehen mit einer anderen zusammen und die Bürger bestätigen das durch Bürgerentscheid, wie das vor zwei Jahren in Weyer war, wo Weyer-Land und Weyer-Markt zusammengegangen sind, dann ist das okay. Aber in gewachsene Strukturen einzugreifen, das verursacht mehr an Identitätsverlust und Demotivation, als es bringt.

In Österreich wurde 1999 das „Führungsforum innovativer Verwaltung" gegründet. Eines seiner maßgeblichen Mitarbeiter ist der oberösterreichische Landesamtsdirektor Eduard Pesendorfer. Der schreibt in einer 2009 herausgekommenen Broschüre, die viele konkrete Anregungen für eine Verwaltungsverbesserung enthält, Sparsamkeit und Effizient genügten nicht für eine erfolgreiche Reform. Es müsse eine Vision geben, wohin das Ganze führen soll.

Natürlich. Wenn ich eine Reform mache, muss ich wissen, was am Ende herauskommen soll. Wenn die Devise nur „Sparen" heißt, werde ich nichts zusammenbringen, weil ich keine engagierten Mitreformer finde. Man darf nicht vergessen: Die Verwaltung muss sich ja selber wegrationalisieren. Das heißt, es muss jeder sagen, warum er etwas streicht, und wird dann gefragt: „Warum hast du das bis jetzt gemacht?" Ich muss vor mir den großen Wurf haben und wissen, wohin ich will. Da fällt mir wieder Konrad Adenauer ein: Der Politiker muss den Menschen mutig vorangehen, aber nur so weit, dass er von den Menschen noch gesehen wird. Wenn ich die Leute nicht mitnehme auf die Reise, dann kann ich zwar am Ziel ankommen, aber ich drehe mich um, und es ist niemand mehr da.

Wozu braucht Österreich einen Bundesrat?

Der Bundesrat hätte die wichtige Aufgabe, ein Korrektiv des Zentralismus zu sein. In der Form, wie er jetzt konzipiert ist, nämlich als zweite Kammer der Bundesgesetzgebung, die bestenfalls sechs Monate etwas verzögern kann, ist die Situation vollkommen unbefriedigend. Das sage ich schon seit Jahren. Aber es ist für die Länder auch schwierig, zu sagen, den Bundesrat brauchen wir nicht mehr, denn da sitzen ja nicht vom Volk gewählte Abgeordnete, sondern von den Landtagen entsandte Vertreter drinnen. Sie sollen den Abgeordneten der Bundesgesetzgebung auf die Finger schauen, damit der Föderalismus, die Dezentralität, der Regionalismus und die Subsidiarität eingehalten werden. Ich bin daher der Meinung, der Bundesrat sollte sich auf die wesentlichen Kernfragen konzentrieren. Wir müssen als Ländervertreter überhaupt nicht dabei sein, wenn das 87. Kulturabkommen mit Uruguay beschlossen wird. Ich bin der Meinung, dass man das nach dem deutschen Vorbild organisieren sollte, wo der Bundesrat beschickt wird von den Ministerpräsidenten und deren Vertretern, wo das Veto in den

Föderalismus verletzenden Fragen ein echtes Veto ist und nicht nur eine Verzögerung für ein paar Monate. So könnte man den Bundesrat kleiner und effizienter machen und es könnte eine echte Ländervertretung daraus werden.

Nun behaupten jene, die die Arbeiten des Österreich-Konvents verfolgt haben, dass man sich auch über eine Reform des Bundesrates schon geeinigt habe. Nur weil damals die Kärntner aus ganz partikularistischen Überlegungen heraus nicht wollten und weil die SPÖ im letzten Moment einer von der ÖVP geführten Bundesregierung nicht den Triumph gönnen wollte, habe man die ganze Verfassungs- und Verwaltungsreform noch einmal zurück gestellt – und jetzt ist wieder alles in Luft aufgelöst und die beiden größeren Parteien haben überhaupt keine Zweidrittelmehrheit mehr, die für eine Verfassungsreform erforderlich ist.

Also ehrlich gesagt, ich kann mir nicht vorstellen, dass jegliche Reform des Bundesrates in der Bevölkerung als Triumph verstanden würde. Die meisten wissen gar nicht, was der Bundesrat ist. So gesehen, wird das weitaus überbewertet.

Aber wenn es um Kosten geht, sind alle hellwach …

Und morgen sind auf einmal 50 Parlamentarier weg und die Parteien und die Länder haben ein riesiges Problem, weil die Leute kein Mandat mehr haben. Das darf freilich nicht der Grund einer Entscheidung für oder gegen den Bundesrat sein. Ich bin ja nicht der Meinung, dass man ihn ersatzlos streichen sollte, denn ich glaube, dass es gegen den Zentralismus immer ein Korrektiv geben muss. Aber so, wie er jetzt organisiert ist, ist es unbefriedigend.

Eine letzte Frage: Sie selbst haben an anderer Stelle argumentiert, dass die Pflicht zur Regierungsbeteiligung einer Landtagspartei ab einer bestimmten Stimmenstärke fragwürdig sei und das Prinzip des Wechselspiels von Regierung und Opposition verletze. Sollte man diese Allparteienregierung nicht abschaffen?

Das habe ich wiederholt vertreten, aber die Diskussion darüber habe ich aufgegeben. Man braucht dazu eine Zweidrittelmehrheit, und was aussichtslos ist, diskutiere ich nicht. Dass es nicht mehr zeitgemäß ist, haben viele Bundesländer bewiesen, die eine solche Regelung geändert haben. Nur noch vier Länder in Österreich haben diese Zwangsregierung. Ich glaube, dass das klassische System Regierung/Opposition richtig wäre. Diese Allparteienregierung ist ein typisches Relikt der Nachkriegszeit, als das Zusammenhalten aller beim Wiederaufbau des Landes und bei der Schaffung eines neuen Fundaments für ein Land wichtig war. Derzeit ist es so, dass einige Parteien, obwohl sie mitregieren, sich als Opposition verstehen.

Religion
und Politik

9.

Von Gutmenschen, Priestermangel, Ethikunterricht und Islam-Problemen

In Oberösterreich werden bei den Landtagswahlen auch „Die Christen" antreten. Auch die ÖVP versteht sich als christliche Partei. Wo sind die Unterschiede?

„Die Christen" werden antreten, aber ihre Inhalte reduzieren sich auf drei, vier Themen. Die ÖVP versteht sich nicht als Partei der Christen in dem Sinn wie sie. Wir sagen, wir haben freiwillig christdemokratische Grundsätze in unser Programm geschrieben und damit sind wir für den Bürger auch messbar, ob wir diesem Anspruch gerecht werden. Wir sprechen niemand anderem ab, dass er auch christlich motiviert handelt oder christliche Grundsätze vertritt. Wir haben uns zu diesen Grundsätzen verpflichtet. Das ist der Unterschied zu den anderen Parteien.

Was deckt die ÖVP nicht ab, das eine Partei wie „Die Christen" abdecken kann?

„Die Christen" decken als politische Bewegung nur ganz enge Kernbereiche der Religion und des Glaubens ab. Wir verstehen uns als eine politische Bewegung, die für alle Lebensbereiche gestaltend zuständig ist. Die Christen verstehen sich als Lobbyisten für das ungeborene Leben, was ja prinzipiell nicht abzulehnen ist. Abzulehnen sind manches Mal die Methoden. Wir müssen als demokratisch legitimierte Partei zur Kenntnis nehmen, dass es für gewisse Dinge in Österreich keine Mehrheit gibt. Oder dass Sachen gesellschaftlich zu akzeptieren sind, wenn sie von einer demokratischen Mehrheit beschlossen wurden. Wir bekennen uns zu einer Kirche, die die Frohbotschaft vertritt, auch in einer gewissen gesellschaftlichen Breite. Während „Die Christen" sich eher auf die Verbote, auf die enge Auslegung des Kirchenrechts und auf einen sehr starken Formalismus bis hin zu genauen Regelungen der Liturgie festlegen. Das kann aus meiner Sicht nie Aufgabe einer politischen Bewegung sein.

Das Thema, wie sich Religionen, wie sich Kirchen und Staat zueinander verhalten, ist ein Dauerthema unserer Demokratie. Es gab lange den Satz: „Religion ist Privatsache." Ist dieser Satz brauchbar als Definition, an der entlang man Regulierungen treffen kann?

Nein! Religion ist Privatsache, das stimmt und ist zugleich falsch. Private, persönliche Entscheidungen liegen vor, wenn es darum geht, ob sich ein Mensch einer Religion anschließt, ob er diese Religion durch den Beitritt zu einer Kirche lebt, ob er praktizierender oder nicht praktizierender Christ ist. Aber die Kirchen nehmen in unserer Gesellschaft Aufgaben wahr, die weit über das Private hinausgehen. Daher haben sie auch eine Stellung, die nicht einem privaten Verein gleichkommen kann. Es kann nicht eine Kirche mit einem Sportverein gleichgestellt werden. Die Kirchen sind im Altenbereich, im Schulbereich, in der Kultur, in Denkmalpflege und in anderen Bereichen entscheidend Mitgestalter des gesellschaftlichen Lebens. Katholische Kirche und Politik haben zwar durch das Mariazeller Manifest eine klare Trennung ihrer Bereiche festgelegt, wie es schon Christus mit dem berühmten Wort getan hat: „Gebt dem Kaiser, was des Kaisers, und Gott, was Gottes ist!" Aber das heißt nicht, dass sie nicht gemeinsame Ziele haben. Das große gemeinsame Ziel ist die Lebensqualität der Bürger. Aus meiner Sicht gehört die Pastoral, die Seelsorge, zu dieser Lebensqualität. Daher ist es auch im Interesse des Staates, zumindest aus meiner Sicht, dass wir die Pfarren besetzen können, um Seelsorgeangebote für die Menschen zu haben. Denn das Seelsorgliche, das die Seele des Menschen Betreffende, ist genauso ein Teil der Lebensqualität wie genügend Angebote für Sport, Musik oder eine gute ärztliche Versorgung.

Die römisch-katholische Kirche hat ein immer massiveres Personalproblem. Wenn man es mit einem weltlichen Begriff sagt, dann sind viele Filialen nicht mehr besetzt. Das heißt, ein Gegenüber für die Politik fällt weg. Was wird das für die Entwicklung der Orte, für die Gemeinden bedeuten?

Ich bin der Meinung, dass sich erstens aktive Politiker, auch wenn sie von der ÖVP kommen, nicht in innerkirchliche Fragen einmischen sollen. Ich habe seit meiner Wahl zum Landeshauptmann zu innerkirchlichen Fragen nie konkret Stellung bezogen, weil das nicht gut ist. Zweitens bin ich der Meinung, dass sich in der katholischen Kirche, um ihre Aufgabe erfüllen zu können, einiges verändern muss, und der Veränderungsprozess muss rascher vor sich gehen. Die Kirche bekommt ein großes Problem, weil sie wenig Priesternachwuchs hat und im bestehenden Klerus nur einen verschwindend kleinen Prozentsatz unter 60 Jahren. Was man jetzt noch zum Teil organisatorisch regelt, indem Priester bis 80 Jahre arbeiten und indem einer drei Pfarren betreut oder fünf, das wird nicht die Dauerlösung sein. Ich glaube auch nicht an die

Dauerlösung, dass man einfach weltweit Priester verteilen kann. Es gibt Kulturkreise, die man nicht wegdiskutieren kann. Es gibt sehr fortschrittliche polnische Priester, es gibt auch sehr fortschrittliche afrikanische Priester. Aber das sind keine Dauerlösungen. Daher glaube ich, dass einige Reformschritte in der katholischen Kirche dringend geboten sind.

Was verändert sich, wenn der kirchliche Bereich bei Kindergärten, Schulen, Alten- und Pflegeeinrichtungen stärker oder ganz ausfallen würde?

Ich wünsche mir das absolut nicht. Das möchte ich klar sagen. Dann müsste natürlich der Staat diese Aufgaben übernehmen.

Trotz aller offiziellen Trennung der Bereiche von Politik und Religion gibt es noch immer ein Naheverhältnis von katholischer Kirche und Volkspartei und eine Art wechselseitiges Verpflichtungsverhältnis. Wie entwickelt sich denn das?

Ich halte absolut nichts von der Lehre der „Äquidistanz", also der behaupteten gleichen Distanz der Kirche zu allen Parteien. Schon Kardinal König hat immer argumentiert: Nähe oder Entfernung zur Kirche bestimmen die Parteien selbst – durch ihr Programm und durch ihr Handeln. Die Kirche hat eine wichtige Wächterfunktion in der Gesellschaft in großen gesellschaftspolitischen Fragen. Sie hat aufmerksam zu machen, sie hat als Mahnerin aufzutreten, insbesondere wenn es um die Politik für die Schwächeren, wenn es um soziale Fragen geht, um Fragen der Gerechtigkeit und so weiter.

In der ÖVP gibt es noch relativ automatische Reflexe, dass kirchliche Organisationen im Zweifelsfall auch ÖVP-Positionen übernehmen sollen.

Ich glaube, dass es das bei manchen noch gibt. Aber die Realität ist, dass die ÖVP mit ihren Positionen, wenn ich jetzt nur die Landespolitik nehme, mit der Kirche kaum in Konflikt kommt.

Wir reden immer von der römisch-katholischen Kirche.

Ja. Natürlich gibt es Bereiche, wo die Kirche einen noch klareren politischen Kurs erwarten würde. Allerdings muss ich immer wieder fragen, erwartet das die Amtskirche oder erwarten das Gliederungen der Kirche. Ich glaube, die Pluralität der Meinungen innerhalb der Kirche ist mindestens so groß wie zwischen ÖVP und Kirche. Das Diskussionspotenzial zwischen manchen Gliederungen der Katholischen Aktion und der Amtskirche ist mindestens so groß wie das zwischen der Amtskirche und manchen Einrichtungen der ÖVP.

Themen, bei denen sich kirchliche Gruppen von der ÖVP klarere Positionen erwarten, sind Zuwanderung, Asyl und alles, was Fremdengesetzgebung anbelangt, sowie der Lebensschutz.

Beim Thema Lebensschutz gibt es, glaube ich, keine unterschiedlichen Positionen. Wir bekennen uns zum Schutz des geborenen und des ungeborenen menschlichen Lebens. Wir haben aber in Österreich eine Gesetzgebung, die einzuhalten ist, weil sie demokratisch zustande gekommen und beschlos-

sen ist. Ich habe mich immer gegen Abtreibungen ausgesprochen. Das heißt aber nicht, dass wir Menschen, die das in Not tun, verurteilen oder verfolgen.
Ganz im Gegenteil. Die Gesellschaft muss sich noch verbessern, sodass Frauen, die in eine Notsituation kommen, nicht abtreiben. Das werden wir wahrscheinlich mit Verboten und Strafen nicht erreichen, sondern indem wir die Gesellschaft positiv verändern. Was die Fremdengesetzgebung anlangt, muss man sehr unterscheiden zwischen dem, was die offizielle Kirche manchmal vorgibt, und dem, was selbst Pfarrer, die draußen in der täglichen Praxis stehen, mir als Politiker als Handlungsmaxime empfehlen. Da ist ein ganz großer Unterschied. Gerade in einigen Fällen, die in Oberösterreich ganz groß in der Zeitung gestanden sind, haben bei mir auch Pfarrer angerufen, die gesagt haben: „Bitte, das geht zu weit!" Die Kirchen haben es da ein bisschen einfacher, denn sie brauchen nicht zu handeln. Die Politik muss handeln. Sie ist demokratisch legitimiert und muss schauen, dass sie die Menschen mitnehmen kann. Wer sich nicht am Wahltag dem Votum der Bevölkerung stellen muss, kann weit leichter mahnend und einfordernd auftreten als einer, der den Konsens mit der Bevölkerung suchen muss. Ich bleibe aber dabei, dass die Fremdenpolitik immer so gemacht werden muss, dass man sich in den Spiegel schauen kann. Da spielt die Anständigkeit eine große Rolle.

Gerade beim Thema Fremdengesetzgebung und Vollzug der entsprechenden Gesetze gibt es, nicht nur von kirchlicher Seite, immer wieder die Frage: „Kann der Christ Pühringer das verantworten?"

Mit Papst Benedikt XVI.: „Mahner und Wächter sind immer notwendig."

Das kann ich verantworten, wenn es gerecht ist, und zweitens, wenn es korrekt nachvollziehbar ist. Unser grundlegendes Problem ist die Zuteilung von Quoten der Fremden, die wir aufnehmen müssen. Das sind derzeit, auf die Zahl der Einwohner bezogen, viermal so viele wie etwa in Deutschland. Wir können nur so viele Menschen aufnehmen, wie wir ordentlich integrieren können. Und es ist nicht unchristlich, das möchte ich ganz deutlich sagen, wenn man darauf achtet, dass integrierbare Größenordnungen gewahrt werden.

Als Politiker muss man pragmatisch und lösungsorientiert handeln. Mahner sind in solchen Situationen oft nicht besonders angenehm. Sind sie trotzdem notwendig?

Mahner und Wächter sind immer notwendig. Wie wichtig die Wächterfunktion der Kirchen ist, wissen vor allem wir Europäer aus unserer Geschichte. Die großen Katastrophen sind immer dann über den Kontinent und seine Menschen hereingebrochen, wenn die Politik versucht hat, einen Staat ohne Gott zu errichten und wenn die Politik die Rolle der Erlösungslehre für sich in Anspruch genommen hat. Es muss nur bedacht werden, dass eine kritische, mahnende Predigt relativ leichter zu halten ist, als in der konkreten Politik einen Bescheid auszustellen oder konkret zu handeln. Da kann ich allen, die da besonders moralisierend auftreten, nur in Erinnerung rufen, dass bei Matthäus 7,1 steht: „Richtet nicht, damit ihr nicht gerichtet werdet!" Ich stelle mich gerne dem Urteil auch besonders moralisierender Menschen, obwohl ich damit oft nicht viel anfangen kann.

Spricht der Landeshauptmann mit den Mahnern? Gibt es einen institutionalisierten Dialog?

Ich spreche mit allen Gruppierungen der Gesellschaft. Es besuchen mich Exponenten der „SOS Menschenrechte" laufend, ich bin mit der Caritas in Kontakt. Ich glaube auch, dass wir ungefähr das richtige Maß finden.

Das Moralisieren ist oft unangenehm. Aber es könnte auch sein, das sich hinter dem Moralisieren eine Vision zeigt, die für politisches Handeln anregend ist, selbst wenn sie in der aktuellen Situation nicht umsetzbar ist.

Ich habe auch nichts dagegen. Wogegen ich etwas habe, ist, wenn Leute auftreten mit dem Anspruch der Wahrheit und sagen: „Das ist es, so musst du es machen und nicht anders." Vor allem wenn sie sagen: „Das ist die reine Lehre, und wie du es in der Praxis machst, ist dein Geschäft, denn dazu bist du gewählt." Und dann kritisieren sie dich beinhart. Das ist meines Erachtens nicht in Ordnung. Aber es ist die Position einer Minderheit. Die Mehrheit derer, mit denen man am Tisch sitzt und redet, hat Verständnis für die verschiedenen Problemlagen.

Bleiben wir noch einmal kurz beim Thema Fremdengesetzgebung. Wie schaut aus Ihrer Warte eine Vision eines auch christlich fundierten Umgangs mit Fremden im Land aus?

Indem wir erstens klarlegen, wie viele wir nehmen können, und zweitens, wenn das klar ist, mit diesen Menschen ein ordentliches Integrationsprogramm verwirklichen.

Es gibt gerade im kirchlichen Bereich sehr viele, die ein idealistisches, christlich oder religiös motiviertes Engagement in die Gesellschaft einbringen. Oft werden sie dann etwas despektierlich als „Gutmenschen" verunglimpft.

Jeder, der sich in die Gesellschaft einbringt, ob im humanitären, im sozialen oder im kulturellen Bereich, selbstverständlich auch in kirchlichen Organisationen, ist wertvoll. Das muss man einmal prinzipiell sagen.
Auch wenn ich eine Meinung nicht teile, ändert das prinzipiell nichts daran, dass dieses Engagement wertvoll ist. Ich kann niemandem vorschreiben, in welchen Fragen er sich wie engagieren soll. Aber er kann nicht erwarten, dass ich jedes Engagement inhaltlich voll teile. Genauso wie man die Ehrenamtlichen nicht als Gschaftlhuber verunglimpfen darf, darf man Menschen, die sich im Sozialbereich oder im huma-

nitären Bereich engagieren, nicht als Gutmenschen verunglimpfen.

Was ist für Sie das Spezifische, das Christen in die Gesellschaft einbringen?

Das Spezifische des Christen ist meines Erachtens, dass er sich ohne den Hintergedanken engagiert, für sich selbst dabei etwas herauszuholen. Ich meine jetzt nicht, dass er selbst keinen persönlichen Gewinn, keine persönliche Genugtuung aus solchem Engagement schöpfen soll. Das kann eine zusätzliche Triebfeder des guten Tuns sein. Spezifisch für Glaubende ist, mich für das einzusetzen, was nach dem Evangelium von mir als Christ erwartet wird.

Wir haben in jüngster Zeit zwei Mal das Thema Kreuz in der Politik gehabt. Einmal war es die FPÖ, die das „Abendland in Christenhand" gefordert und dabei das Kreuz auch in politischen Präsentationen als Symbol eingesetzt hat. Das zweite Mal war es die ÖVP in der Stadt Linz, die die Durchführung einer vorhandenen Regelung eingefordert hat, wonach Kreuze in allen Kindergärten angebracht werden müssen. Im ersten Fall hat man von einem Missbrauch des Kreuzes gesprochen, im anderen Fall hat die ÖVP ihr Einschreiten damit gerechtfertigt, dass es nur um den Vollzug eines Gesetzes ginge. Ist diese Differenzierung gerechtfertigt? Ist es überhaupt gerechtfertigt, dass eine politische Partei mit einem religiösen Symbol Politik macht?

Die Einhaltung von Gesetzen zu gewährleisten, ist eine Aufgabe des Staates. Wenn sich ein Land dazu bekennt, dass christliche Symbole in Kindergartenräumen oder in Schulklassen angebracht sein sollen, dann ist das einzuhalten. Wenn ich es nicht einhalten will, muss ich schauen, ob ich eine demokratische Mehrheit finde, um das Gesetz außer Kraft zu setzen. Uns ist es darum gegangen, dass christliche Tradition gepflegt wird. Das ist kein Missbrauch. Ein Missbrauch wäre es, wenn ich für meine Politik den Anspruch des Kreuzes erhebe und sage: „Ich bin der Einzige, der das Abendland rettet!"

Das Kreuz ist Symbol für die Erlösung durch Christus und hat nichts mit der Politik des Herrn Strache oder mit Politik von irgendjemandem zu tun. Ich glaube, ich könnte nicht jemals geistig so umnachtet sein, dass ich bei einer politischen Veranstaltung ein Kreuz in die Hand nehme und das in den Saal hineinhalte. Das ist ein ganz eklatanter Missbrauch, den sich eine religiöse Gemeinschaft nicht bieten lassen kann.

Gerade der Slogan „Abendland in Christenhand" ist ganz offen auf eine Abwehr des Islam gerichtet. Wie geht die ÖVP mit dem Islam um?

Ich stehe dazu, dass sich in unserem Land 85 Prozent der Bevölkerung zu christlichen Konfessionen bekennen. Das muss auch seinen Ausdruck finden, zum Beispiel durch Kreuze in öffentlichen Einrichtungen. Wenn andere Menschen zu uns kommen, oft mit einer anderen Religion, muss klar sein, dass sich diese Menschen an die Hausordnung unseres Landes halten müssen. Der Islam ist nicht nur eine Religion. Der Islam ist auch eine politische Bewegung. Was bei uns möglich ist im Sinne von Religionsfreiheit, im Sinne von Meinungsfreiheit usw., muss allen möglich sein. Aber ich fordere gleichzeitig, dass das zum Beispiel auch für Christen in der Türkei gelten muss. Auch für sie muss die Gewährung von Grundrechten eine Selbstverständlichkeit sein.

Wo wird der Hausbrauch nicht eingehalten?

Wo mit Besitzansprüchen aufgetreten wird. Ich habe das selbst einmal erlebt in Traun, als man nicht zur Kenntnis genommen hat, dass eben für ein Gotteshaus oder ein Bethaus eine Baugenehmigung erforderlich ist. Da ist selbst das Angebot des Pfarrers gescheitert, an einem Freitagnachmittag das Pfarrheim für das Freitagsgebet zur Verfügung zu stellen. Eine muslimische Frau hat zu mir damals gesagt: „In Ihrem Alter werden Sie es noch erleben, dass wir die Mehrheit stellen!" Manches Auftreten radikaler Gruppen ist absolut abzulehnen. Wir müssen Verständnis dafür haben, dass der Feldzug im Irak auch viele Muslime bei uns verbittert hat. Für ein generelles Umdenken hat US-Präsident Obama mit seiner großen Rede an der Universität von Kairo im Juni 2009 eine wichtige Grundlage geschaffen. Eines der Schlüsselwörter dieser Rede war „Respekt". Jede Seite sollte auf lieb gewordene Klischees verzichten – wir, aber auch die Muslime. Sie müssen wissen, dass zum Beispiel die Gleichberechtigung der Frauen und ihr Recht auf Bildung für uns nicht verhandelbar sind.

Gerade die radikalen Gruppen sind es, die sozusagen den Ton ausmachen und auch die Angst vor dem Islam fördern. Diese Angst wird von heimischen Politikern wieder für eigene Interessen missbraucht. Ist es gerechtfertigt, dass man Religion und religiöse Bedürfnisse, auch von Andersgläubigen, politisch instrumentalisiert?

Nein. Ich gehe sogar einen Schritt weiter. Eine Politik, die mit der Angst der Menschen spekuliert, ist immer eine schlechte. Politik ist dazu da, den Menschen Hoffnung zu machen, Lösungen zu suchen. Eine Politik, die mit der Angst agiert, ist eine schwache Politik. Das kann nur kurzfristig am Wahltag zu einer Maximierung der Stimmen führen. Wer es nötig hat, die Menschen zu verunsichern, damit er sie für sich gewinnen kann, sollte darüber nachdenken, ob er auf dem richtigen Weg ist.

Wenn ein Politiker mit der katholischen oder evangelischen Kirche zu tun hat, weiß er, wer sein Gegenüber ist. Wenn er mit islamischen Gruppen zu tun hat, weiß er nicht genau, wer sein Gegenüber ist, weil diese sehr zersplittert sind und keine zentrale Führung haben.

Das ist vollkommen richtig. Islamische Gemeinden und Bewegungen sind nicht ganz eins, wer eigentlich die Muslime in Oberösterreich vertritt.

Was wäre aus Sicht der Politik als Wunsch an die islamischen Gemeinschaften zu formulieren?

Dass sie sich an unsere Hausordnungen halten und dass sie zur Kenntnis nehmen, wie die Realitäten in Österreich sind. Ich habe zu einer ganzen Reihe von muslimischen Vertretern ein korrektes und gutes Verhältnis. Wir haben keine wirklichen Probleme zwischen dem offiziellen Oberösterreich und der muslimischen Gemeinschaft. Ich möchte aber an die muslimische Seite appellieren, keine Parallelgesellschaft zu bilden, und an die politische Seite, das ist eindeutig an die FPÖ zu adressieren, mit Religion nicht Politik zu machen.

Es gibt in Oberösterreich einen Landeskulturbeirat, der versucht, wesentliche Institutionen als beratendes Gremium um die Landesregierung zu scharen. Ist es denkbar, dass man auch in religiösen Fragen so etwas einrichtet, wenn die Gesellschaft noch multikonfessioneller wird?

Ich würde davor warnen, dass die Politik Religionsbeiräte einrichtet. Aufgabe der Politik ist es, zu den Repräsentanten der Religionen Kontakt zu halten. Ich lote aus, wo wir ohne gegenseitige Vereinnahmung für die Menschen dieses Landes gemeinsam etwas bewirken können. Aber institutionell soll die Politik keine religiösen oder kirchlichen Zirkel schaffen. Das halte ich für falsch. Ich glaube eher, dass die Religionsgemeinschaften und die Kirchen sich von sich aus einbringen sollen, indem ihre Mitglieder in demokratischen Parteien und verschiedenen gesellschaftlichen Bereichen mitarbeiten. Ein institutioneller Beirat wäre, meine ich, eine Einmischung der Politik in die Religion.

Der Ethikunterricht an Schulen findet eine immer stärkere Zustimmung. Soll er für diejenigen eingerichtet werden, die sich vom Religionsunterricht abmelden, oder für alle? Und wenn für alle, neben einem Religionsunterricht oder statt des Religionsunterrichts?

Ein Ethikunterricht soll nur für jene angeboten werden, die sich vom Religionsunterricht abmelden. Der konfessionelle Religionsunterricht hat sich bestens bewährt. Die Abmeldequoten sind in Österreich und in Oberösterreich sehr niedrig. Wenn es höhere Abmeldequoten gibt, hängt das fast immer mit der Person des Lehrers oder mit der Situierung im Stundenplan zusammen.

In den vergangenen Jahren hat sich die „Allianz für den Sonntag" gebildet, die versucht, den Sonntag so weit wie möglich arbeitsfrei zu halten. Wird das auf Dauer haltbar sein in einer Gesellschaft, die einen starken Wirtschaftsdruck hat, die aber auch religiös und kulturell immer stärker ausdifferenziert wird?

Ich glaube, dass sich der Sonntag auch in Zukunft behaupten wird. Man braucht ein einheitliches System in der Arbeitswelt. Ich sehe nicht, dass die Sonntagsarbeit zugenommen hätte. Absolut nicht. Ich halte den freien Sonntag für sinnvoll, wenngleich ausgerechnet Politiker und Geistliche ihn nicht halten können, weil man gerade am Sonntag Pflichten gegenüber der Bevölkerung hat. Ich halte es für wichtig, dass man die Sonntagskultur hochhält. Da geht es nicht nur um die Möglichkeit, am Gottesdienst teilzunehmen, sondern auch darum, Familien- und Gemeinschaftsleben zu ermöglichen. Wenn ich daran denke, dass wir 200 Pendlergemeinden haben, wo die Leute nur am Wochenende daheim sind, ist der Sonntag wichtig, damit die sozialen Kontakte nicht verloren gehen. Und schließlich geht es auch darum, dass der Mensch keine Maschine ist und nur arbeitet, sondern dass es Unterbrechungen gibt.

Eine Frage, die immer wieder aufflammt, ist jene nach dem Kirchenbeitrag, nach der Bevorzugung der katholischen und evangelischen Kirche.

Dieses Bevorzugungssystem halte ich für gerechtfertigt, weil die Kirchen auch sehr viele gesellschaftliche Aufgaben erfüllen – durch Ordenskrankenhäuser, kirchliche Privatschulen, die kulturellen Leistungen, Bemühen um Kinder, Jugend,

Seniorenarbeit, Randgruppen der Gesellschaft. Ich glaube, dass der Kirchenbeitrag auch eine Anerkennung dieser gesellschaftlichen Aufgaben ist. Und das soll so bleiben.

Lange Zeit war es für ÖVP-Politiker notwendig, den Kodex der katholischen Kirche in Fragen der persönlichen Lebensführung einzuhalten. Da musste man möglicherweise noch zurücktreten, wenn man sich hat scheiden lassen. Wie ist das heute?

Das ist sicherlich heute vorbei. Trotzdem denke ich, dass die ganz große Mehrheit der ÖVP-Politiker sich um diese Einhaltung bemüht. Aber es wird keinem eine Vorschrift gemacht, wie oft er in die Kirche zu gehen hat oder dergleichen. Es muss sich jeder sagen: „Ich bin Mitglied, Repräsentant oder gar Abgeordneter einer christdemokratischen Partei. Ich habe ein Programm." Es wird zumindest das Bemühen erwartet, sich auch in der persönlichen Lebensführung an dem zu orientieren.

Sie machen kein Hehl daraus, dass Sie praktizierender Katholik sind, die Kirche und auch das Christsein für Sie eine geistige und auch persönliche Heimat sind. Wie gelingt es einem so engagierten Politiker, sein Christsein zu leben?

Ich mache zwar kein Hehl aus diesem Bekenntnis, aber ich trage es auch nicht vor mir her. Ich habe das noch nie ins politische Marketing eingebracht, sondern halte mich da sehr zurück. Christsein ist immer ein Bemühen, und das gelingt in manchen Dingen besser und in manchen weniger gut. Jeder Mensch ist fehlerhaft. Jeder Christ ist fehlerhaft. Jeder Landeshauptmann ist fehlerhaft. Also ich kann die Frage nicht beantworten, wie weit das gelingt. Das überlasse ich dem lieben Gott.

Hat der Politiker Pühringer Angst und Hoffnung gleichzeitig, dass ihm das, was er in seiner politischen Funktion tut, irgendwann einmal angerechnet oder abgerechnet wird?

Ich glaube, jeder Mensch hofft, dass er sein Leben halbwegs meistert. Bei allen Fehlern, Mängeln und Schwächen hofft er, dass das, was er Positives bewirkt, auch in der letzten Instanz so bewertet wird. Wenn man Realist ist, sieht man nicht nur die positive Seite, sondern weiß auch, dass es kein menschliches Leben ohne Mängel, ohne Fehler und ohne Schwächen gibt.

Der Traum – ein Leben

10.

Realistische Hoffnung auf Zukunft mit Arbeit für alle, sozialer Wärme und geistiger Offenheit

Wenn der Landeshauptmann träumt, tagträumt, denkt er da nur an die Amtsgeschäfte von morgen oder an die nächste Legislaturperiode? Oder denkt er dann auch darüber nach, wie das Land in fernerer Zukunft einmal aussehen könnte, wie eine gerechtere Gesellschaft beschaffen sein könnte und ob es jemals eine friedlichere Welt als die heutige geben kann?

Ich bin schon oft gefragt worden nach meiner Vision von einem guten Land und ich habe mir da eine dreiteilige Antwort zurechtgelegt, die man nur immer wieder adaptieren muss. Ein gutes Land ist – und so stelle ich mir Oberösterreich vor – eines, in dem die Menschen Arbeit haben, also ein Land der Vollbeschäftigung. Zweitens soll es ein Land der sozialen Wärme sein, wo es den Schwachen gut geht, nicht nur weil gute Gesetze da sind, sondern weil soziale Wärme auch zu spüren ist, wo sich jede und jeder willkommen fühlt. Und drittens soll es ein Land der geistigen Weite sein. Geistige Enge, das hat schon der berühmte steirische Kulturpolitiker Hanns Koren gesagt, kann nie Heimat sein. Ich denke an ein Land der Offenheit, wo nicht ein nationaler Abgrenzungsgeist herrscht. Das ist die Dauervision, an deren Verwirklichung wir zu arbeiten haben.

Der Philosoph Peter Sloterdijk hat einmal geschrieben: „So viel kann die Philosophie wissen, dass die Geschichte der Welt eine Geschichte des Erwachens sein muss." Aus welchem Schlaf muss man die Welt aufwecken?

Ich glaube, erwachen musst du immer wieder, weil immer wieder Neues auf uns zukommt und du den Mut haben musst, Herkömmliches abzulegen und zu sagen, da verlasse ich die bisherigen Bahnen, auch wenn diese vielleicht bequemere Wege waren. Ein ganz großes Erwachen brauchen wir in der Verantwortung für die Welt. Ich glaube, dass wir da noch lange nicht dort angekommen sind, wo wir hingehören. Der Nord-Süd-Konflikt wird unterschätzt in seiner Sprengkraft, wenn alle Menschen in den Völkern des Südens einmal draufgekommen sein werden, wie wir in unserer Weltgegend leben. Dort, wo es um Weltgerechtigkeit geht, liegt eine ganz große Zukunftsfrage, die das kleine Oberösterreich nicht lösen wird, wozu es aber auch seinen Beitrag leisten muss.

Soll die industrialisierte Welt des Nordens an der bisherigen Entwicklungspolitik festhalten, sie ausbauen, verbessern? Oder hat auch das Argument etwas für sich, sehr weit seien wir damit nicht gekommen, ein Neustart der ganzen Entwicklungszusammenarbeit wäre sinnvoll?

Ich glaube, dass die Wege, die wir in der Entwicklungspolitik gegangen sind, gute Wege sind. Und Oberösterreich hat da, ich nenne nur die Namen von Erzbischof Alois Wagner und KA-Präsident Eduard Ploier, einen sehr positiven Anstoß in die Gesellschaft gebracht, wie das in anderen Regionen erst viel später geschehen ist. Ich habe selbst mehrmals Entwicklungsländer besucht und mich vor Ort überzeugt, was man erreichen kann, was Entwicklungshelfer erreichen können – sie sind die Heiligen des 21. Jahrhunderts. Wer heute nach Nicaragua oder nach Tansania oder in den Kongo geht und unter den dortigen Umständen drei oder fünf Jahre seines

Landesenergieplan: Über Sonnenkollektoren und Solarkraftwerke zu möglichst großer Energie-Autarkie

Lebens diesen Leuten schenkt, verdient unsere größte Achtung. Natürlich haben wir die Welt nicht grundlegend verändert. Aber jeder Mensch, der dank der Hilfe aus Oberösterreich nicht verhungert oder nicht an einer Krankheit stirbt, für deren Heilung die dortige Medizin nicht ausreicht, und jeder, der sich eine Bildung aneignen und damit aus seinem Leben etwas machen kann, ist diesen Aufwand wert. Zu glauben, dass wir mit unserer Arbeit die Welt verändern können, ist sehr beschränkt. Für die Betroffenen dort können wir die Welt sehr wohl verändern. Wenn ich an Partnerschulen denke, die wir haben, an ganze Gymnasien, wo wir Lehrer zahlen usw. – da verändern wir die Welt.

Wenn die Industriestaaten des Nordens ihre Entwicklung immer nur daran messen, ob das Wirtschaftswachstum quantitativ zunimmt, und wenn dann die Chinesen und die Inder und letzten

Endes alle Völker der Welt das Gleiche wollen, dann mündet diese Entwicklung neben allen sonstigen Problemen nicht zuletzt in eine ökologische Katastrophe. Wohin also kann die Reise gehen?

Ich glaube, die Länder des Wohlstandes müssen ihre Verantwortung in einem größeren Ausmaß wahrnehmen, und – Wachstum ist nichts Schlechtes – was als Ertrag aus der Wirtschaft kommt, in einem gewissen Ausmaß auch den bisher benachteiligten Regionen der Erde zukommen lassen. Und die Entwicklungsländer dürfen die Fehler, die wir in unserer Wachstumsgeschichte gemacht haben, eben nicht machen. Im Energiebereich sind wir ganz auf der Schiene der Sonnenenergie, die sich für den Süden ja total anbietet. Die brauchen nicht den Weg der kalorischen Kraftwerke zu gehen, sondern können gleich den Weg der Solarkraftwerke einschlagen, bei denen wir jetzt auch angekommen sind. Im heurigen Frühsommer fand der Spatenstich für das größte österreichische Solarkraftwerk in Oberösterreich statt. Wenn ich das vor 25 Jahren den Verantwortlichen der Energie AG gesagt hätte, dann hätten sie erwidert: „Ja, da machen wir schon was, eine kleine Photovoltaikanlage mit 60 m^2 am Loser und ein paar Sonnenkollektoren auf den Lärmschutzwänden bei Seewalchen im Salzkammergut." Heute geht alles längst in eine viel systematischere Entwicklung.

Stichwort Weltgerechtigkeit: Man hat nach all dem bisher Besprochenen den Eindruck, dass es im Bereich der regionalen Politik sehr pragmatisch zugeht. Es geht immer um einen halbwegs fairen Interessenabgleich. Je größer die Zusammenhänge werden, vor allem entwicklungspolitisch, umso häufiger hört man auch von Politikern idealistische Aussagen und man redet ei-

gentlich nicht mehr über den konkreten Interessenausgleich. Gerade bei der Entwicklungszusammenarbeit scheint es so zu sein, dass die Lebensmittel- und Rohstoffinteressen des Westens eine viel dominantere politische Handlungsmotivation sind als irgendwelche idealistischen Ziele. Wie kann man da etwas verändern? Erst wenn sich auch interessenpolitisch massiv etwas verändert, also zum Beispiel die Drohvision näherrückt, dass aus wirtschaftlichen Gründen immer noch mehr Menschen nach Europa einwandern wollen? Oder beginnt man zu handeln, wenn die Rohstoffquellen versiegen? Oder wenn man entdeckt, Afrika könnte auch ein Markt zum Beispiel für Solaranlagen werden?

Letzteres halte ich für den realistischen Weg. Wenn der Westen bzw. Norden sieht, dass dort für ihn ein Markt entsteht, dann ist er am ehesten bereit, sich stärker zu engagieren. Auf Megaerfolge in der Umsetzung der idealistischen Gesinnung zu setzen, halte ich für unrealistisch. Ich glaube, dass die Erfolge schrittweise weitergehen. Wirtschaftskrisen sind natürlich für Dritte-Welt-Länder eine Katastrophe, weil sie weiter an Bedeutung verlieren. Ein gescheiter Bayer hat einmal gesagt: „Nur Gartenzwerge sehen nicht über den eigenen Zaun.“ Diese Mentalität tritt in Krisenzeiten leider weit stärker in Erscheinung und verdüstert unseren Blick auf die Ärmsten der Armen, die dann noch weniger Zufuhr von außen erhalten. In Nicaragua kommen 95 Prozent aller Investitionen ausschließlich aus anderen Ländern. Wenn das abnimmt, hat das für ein Land katastrophale Folgen.

Andererseits hat auch ein Land wie Österreich Selbstverpflichtungen aus internationalen Vereinbarungen – etwa 0,7 Prozent des Bruttoinlandproduktes für Entwicklungszusammenarbeit aufzuwenden. Viele Länder erfüllen diese Verpflichtung nicht, Österreich bei weitem nicht. Warum haben wir da nicht einmal ein schlechtes Gewissen?

Weil es eben viele Staaten nicht erfüllen, und weil man im Verhältnis zu anderen noch relativ viel tut, und weil man da kein Problem hat, das vor der Bevölkerung zu argumentieren.

Das hängt wieder mit dem Wirtschaftssystem zusammen. Gehen wir davon aus, dass aus guten Gründen niemand am Prinzip des marktwirtschaftlichen Modells rütteln möchte. Aber wenn man unsere Wirtschaftsordnung auf die ganze Welt übertragen würde und zum Beispiel der Landwirtschaft ein Auskommen sichert mit garantierten Preisen oder garantiertem Absatz oder Direktsubventionen, dann wären die armen Bauernvölker der Erde mit einem Schlag ihre Existenzsorgen los. Aber das ist unmöglich, weil das Geld dazu fehlt. Man kann nicht allen Bauern in Lateinamerika ein Mindesteinkommen garantieren.

Nein, das kann man unmöglich.

Das heißt aber: Wir handeln nach einem System, das wir für unsere Interessen zurechtrichten, und die anderen Länder und Völker haben halt Pech gehabt, für sie gilt nur der von uns beherrschte internationale Markt. Und der zwingt viele Länder der so genannten Dritten Welt, die sich leicht selber ernähren könnten, Lebensmittel einzuführen.

Das ist sehr theoretisch gesagt. Ich glaube, dass die Probleme zu lösen sein sollten, wenn die ökosoziale Marktwirtschaft un-

ser aller Zukunftsmodell wird. Dann werden „Öko" und „Sozial" internationalisiert. Wenn wir das zusammenbringen, ist das Modell unschlagbar.
Österreichs ehemaliger EU-Kommissar Franz Fischler fordert schon seit Jahren einen „globalen Marshall-Plan" in Anlehnung an die Nachkriegszeit, als die USA mit Hilfe einer genialen Konstruktion der Wirtschaft in ganz Europa wieder auf die Beine halfen. So etwas im Weltmaßstab müsste ungeheure Folgen haben. Dass man das innerhalb von fünf Jahren umsetzen kann, wäre ein Irrglaube. Aber in diese Richtung müsste es gehen.

Wir haben schon ein paar Mal von Energie gesprochen. Jetzt nimmt die Nabucco-Pipeline endlich Gestalt an, die uns aus der Energieumklammerung durch Russland befreien soll. Aber ist die Beseitigung der Abhängigkeit zuerst einmal von den Ölscheichs und dann von Russland genug, wenn man jetzt von der Türkei abhängig wird? Genügt diese geografische Neuorientierung, um uns in Zukunft genug Erdgas zu sichern?

Es ist besser, aber Fremdabhängigkeit ist prinzipiell immer schlecht. Zum Zukunftstraum gehört auch, die Energiepolitik möglichst autark zu gestalten. Es gibt dazu auch Pläne in Oberösterreich, etwa den Energieplan, nach dem wir unseren Energiebedarf im Wesentlichen aus erneuerbarer Energie decken wollen. Das halte ich für gar nicht so unrealistisch. Als wir vor 25 Jahren angefangen haben, auf Biomasse zu setzen, haben viele gesagt: „Das sind kleine Nischen und was sollen wir damit?" Heute sind das schon zehn Prozent des Energieaufkommens.

Ein Problem mit größten internationalen Dimensionen ist das Weltklima. Das Einschwenken der USA unter Präsident Obama hat viele neue Hoffnungen geweckt, aber noch sind wir meilenweit von der Erreichung schon vereinbarter Klimaziele entfernt. Was kann ein Land wie Oberösterreich auch aus sich selbst heraus tun, um einen Beitrag zu leisten?

Das eigene Haus in Ordnung bringen, denn die Ausrede liegt nahe: „Wir bewirken eh nichts, weil wir zu klein sind, und daher brauchen wir uns um das Ganze nicht zu kümmern." Wenn das jeder sagt, wird sich die Welt überhaupt nie verändern. Daher haben wir einen Landesenergieplan beschlossen und uns zu ganz konkreten Zielen und Maßnahmen im Bereich der Energieeffizienz, der Energieeinsparung, der Schaffung und Nutzung erneuerbarer Energien bekannt. Das konsequent umzusetzen, das kann man dazu tun.

Wir haben auch in Oberösterreich das Problem einer ständig weiter alternden Bevölkerung und eines Rückgangs der Geburten. Alle, die versuchen, die Situation realistisch einzuschätzen, sagen uns, wir werden ohne Zuwanderung nicht auskommen. Diese Zuwanderung werden wir nicht beschränken können auf Menschen aus EU-Ländern, sondern wir werden auch aus afrikanischen oder asiatischen Ländern Menschen aufnehmen müssen. Die Politik tut noch wenig dazu, um dafür den Weg zu bereiten und auch eine entsprechende Stimmung in der Bevölkerung zu fördern. Ist das zu verantworten?

Ich glaube, das kann man so nicht sehen. Wir tun, wie schon in einem anderen Kapitel ausgeführt, in Oberösterreich für die Integration ausländischer Mitbürger sehr, sehr viel, zumindest aus meiner Sicht, und genau das ist ja die Grundvoraussetzung. Die Wirtschaft wird selbst entscheiden müssen, ob sie sich engagiert, um Mitarbeiter aus anderen Ländern an sich zu binden. Momentan ist das halt nicht das ganz große Thema. Und es wird sich auch die Frage der Betriebskosten und Infrastruktur in einem verschärften Ausmaß stellen, ob der Konzern A bei uns investiert oder ob er gleich in Polen oder auf den Philippinen oder sonst irgendwo investiert. Klar ist, wir werden immer weniger Arbeitskräfte haben in Jahrzehnten, weil eben die Geburtenjahrgänge schwächer werden. Es ist aber auch die Frage, ob wir in Zukunft so viele Arbeitskräfte wie bisher brauchen werden, um unsere wirtschaftlichen Ziele zu erreichen. Die Rationalisierung geht ja weiter. Klar ist auch, in den nächsten 10, 15 oder 20 Jahren haben wir noch kein Problem mit den Arbeitskräften. Ein solches wird die Politikergeneration nach uns und die übernächste zu lösen haben.

Mit diesem ganzen Thema der Durchmischung der Welt sind, wie schon gesagt, große Ängste verbunden. Jetzt will auch eine „Nationale Volkspartei" das Spektrum der Besorgten bedienen. Da kommen wieder Begrifflichkeiten wie „Volkswille" u. Ä. in die Diskussion. Lassen sich in der heutigen Welt Worte rund um „Volk" und „Nation" noch sinnvoll füllen, und wenn ja, womit?

Die Gesellschaft redet in dieser Diskussion immer in Extremen. Die einen reden von „völkisch" und die anderen reden von „multikulturell". Ich weiß nicht, was eine multikulturelle Gesellschaft wirklich ist und wie sie funktionieren soll, und das Völkische brauchen wir überhaupt nicht mehr. Das hat schon einmal versagt und da wollen wir nicht zurück. Was wir brauchen, ist eine gute Identität der heimischen Bevölkerung. So etwas muss es geben, gepaart mit der nötigen Weltoffenheit und der Bereitschaft, andere, die zu uns kommen, in einem Ausmaß, das wir verkraften können, ordentlich zu integrieren.

Wozu brauchen wir künftig das Bundesheer? Es wird keine Kriege zwischen EU-Staaten mehr geben. Das ist der Hauptvorzug der Europäischen Union. Brauchen wir das Heer nur für den Katastropheneinsatz und für eine solidarische Beteiligung an Weltaktionen der EU im Rahmen der Vereinten Nationen? Wäre dafür ein Berufsheer nicht besser geeignet und müssten wir darüber nicht eine grundsätzliche Sicherheitsdebatte mit dem Volk führen?

Über die Heeresorganisation kann man sicher debattieren, nicht aber über deren grundsätzliche Notwendigkeit. Das ist in erster Linie eine Frage der Kosten. Ein Bundesheer hat derzeit drei große Aufgaben. Die erste ist der Sicherheitsauftrag. Wir haben jetzt 64 Jahre Frieden und Freiheit, 54 Jahre Souveränität und Unabhängigkeit dank Staatsvertrag. Wie froh waren die Österreicher, als sie bei der Ungarn-Krise 1956, bei der Tschechoslowakei-Krise 1968, zur Kriegszeit im zerfallenden Jugoslawien die Soldaten zur Sicherheit der Menschen an den Grenzen von Krisenherden wussten. Das Zweite ist der Kriseneinsatz, der ist unbestritten. Das Dritte ist der internationale Hilfseinsatz. Der ist auch weitgehend unbestritten. Ich bin selber in den Kosovo gefahren, ich bin nach Bosnien gefahren, ich war auf den Golanhöhen zwischen Syrien und Israel, um unseren Soldaten zu sagen: „Ihr leistet einen wertvollen internationalen Dienst, ihr seid eine Visitenkarte des humanitären und solidarischen Österreichs und Oberösterreichs!“

Wir sind jetzt auch 64 Jahre an Demokratie, zumindest 54 Jahre an staatliche Freiheit gewöhnt, aber gerade in der jetzigen Krisensituation meinen wieder manche, die Demokratie habe Schwächen, sei möglicherweise nicht für immer die ideale Regierungsform. Wie muss Demokratie sich erneuern, damit sie sich weiter behaupten kann?

Erneuerung ist ein ewiges Gebot. Demokratie lebt vom Engagement der Bürgerinnen und Bürger. Es muss den Verantwortlichen immer wieder gelingen, die Leute von der Demokratie zu überzeugen. Das geht, indem man die Bürger ins Boot holt. Allerdings können die Europapolitik und die Bundespolitik nicht die Hauptarbeit leisten. Solange es uns gelingt, aktive Bürgerbeteiligung in den Gemeinden zu haben, sehe ich für die Demokratie nicht schwarz. Deshalb muss man das demokratische Engagement der Bürger in den Gemeinden forcieren. Deshalb mein Eintreten für die Ehrenamtlichen, für freiwillige Dienste und die entsprechende Anerkennung dafür. Du wirst nicht ein Volk von 8,3 Millionen Parteiengagierten schaffen können, was würde eine Partei mit so vielen Leuten auch tun?! Aber das aktive bürgerschaftliche Engagement ist ein unverzichtbarer Teil einer funktionierenden Demokratie. Auch muss die Politik immer, auch in Zeiten ohne unmittelbare Bedrohung, ganz klar darlegen, dass es zur Demokratie keine Alternative gibt. Die historischen Ereignisse rücken in immer weitere Ferne. Ich sehe das bei den eigenen Kindern. Bestenfalls über den Staatsvertrag oder den Freiheitskanzler Raab hat man im Geschichtsunterricht noch etwas gelernt. Aber diese Ereignisse haben im Leben der Menschen weitaus nicht mehr den Stellenwert wie bei einem 60-, 70- oder 80-Jährigen.

Technikbox für die Unterstufe: „Der nächsten Generation das Land um eine Spur besser übergeben, als wir es übernommen haben."

Stichwort „eigene Kinder". Wir reden immer von Nachhaltigkeit bei Ressourcen und Energie. Es gibt auch den Begriff der Generativität. Das heißt: Welche Gesellschaft hinterlassen wir unseren Kindern? Welche Welt will Landeshauptmann Pühringer der nächsten Generation in Oberösterreich übergeben?

Es ist die Aufgabe jeder Generation, das Land um eine Spur besser an die nächste zu übergeben, als wir es übernommen haben. Damit meine ich, dass wir erstens dieses Land nicht ausbeuten, aber zweitens, dass wir den nächsten Generationen nicht Schuldenrucksäcke umhängen dürfen, die sie nicht tragen kann. Drittens müssen wir mit dem Geld der Steuerzahler vernünftig umgehen und Infrastrukturen schaffen, die auch kommenden Generationen dienen. Viertens, und das ist mir besonders wichtig, muss es ein Land der Offenheit bleiben, wo ein guter Geist weht – kirchlich könnte man sagen, wo dem Heiligen Geist keine Vorschriften gemacht werden, in welche Richtung er wirken und wo er landen darf. Ein Land, in dem die Menschen gerne leben.

Man sagt, die Sozialdemokratie habe ihre wesentlichen Forderungen verwirklicht und tue sich heute schwer, Ziele neu zu formulieren. Aber tun sich die Christdemokraten leichter? Die soziale Marktwirtschaft geht zurück auf das theoretische Grundkonzept des deutschen Staats- und Wirtschaftswissenschaftlers Alfred Müller-Armack und wurde auf der Grundlage dieser Theorie von vorwiegend christdemokratischen Politikern umgesetzt. Wo sind die Vordenker der Christdemokratie heute? Gibt es „Denkfabriken", in denen Christdemokraten heute denken lassen?

Es gibt viele Wissenschaftler in bekannten nationalen und internationalen Institutionen, denen Christdemokraten Aufmerksamkeit und Vertrauen entgegenbringen. Aber das Problem sehe ich etwas grundlegender, und es betrifft die Christdemokraten und die Sozialdemokraten wahrscheinlich noch viel mehr. In einer Zeit, die prinzipiell eine gute ist, trotz Wirtschaftskrise und allen sonstigen Fehlentwicklungen, ist das stärkste gesellschaftliche Phänomen, gegen das es anzukämpfen gilt, die Unzufriedenheit auf hohem Niveau. Das ist das Problem, mit dem die politischen Parteien in Wahrheit kämpfen. In einer Notzeit lassen sich Ziele, die verfolgt werden müssen, leichter formulieren. In Zeiten eines hohen Lebensniveaus ist es sehr schwierig, die nächsten Ziele zu benennen.
In der Bildungspolitik kann ich vielleicht sagen: „Wir wollen eine noch bessere Schule." Das ist freilich ein weit niedrigeres Ziel, als wenn ich in einem Entwicklungsland sage: „Ihr

bekommt zum ersten Mal überhaupt eine Schule!" Wir haben die erforderlichen Schulen in den Gemeinden und ich kann höchstens sagen: „Ihr kommt zum Restaurieren dran oder ihr kriegt eine Computerklasse!" Die ganz großen Ziele der Gesellschaft sind in unserem Land erfüllt und nun geht es um ein Immer-Mehr, aber nicht mehr um die Erfüllung der Grundbedürfnisse. Die Einführung der Sozialversicherung war der sozialpolitische Hammer schlechthin. Jetzt streiten wir nicht, ob jemand eine Pension bekommt, jetzt streiten wir darum, um wie viel es mehr gibt im nächsten Jahr. Das sind keine impulsgebenden Visionen mehr.

Der österreichische Nationalökonom Joseph Schumpeter hat schon vor Jahrzehnten den Begriff der „Innovation durch kreative Zerstörung" geprägt. Lange Zeit konnte man sich darunter wenig vorstellen. Aber jetzt gibt es die Zerstörung. Was könnte da an kreativer Innovation herausschauen?

Ich bin kein Experte für Zerstörung. Aber ich bin der ganz festen Überzeugung, dass die Zukunft unseres Landes in der Kreativität seiner Menschen liegt. Zukunftsfähigkeit und Kreativität sind siamesische Zwillinge, voneinander nicht zu trennen. Ein Land, das nach vorne kommen will oder vorne bleiben will, muss bedingungslos in die Kreativität seiner Menschen auf allen Ebenen bis hin zur Entwicklung der musischen Kräfte investieren. Kreativität ist der Zukunftsschlüssel schlechthin.

In Grillparzers dramatischem Märchen „Der Traum ein Leben", das diesem Kapitel den Namen gegeben hat, erkennt der Hauptakteur, dass der schreckliche Verfall seines Charakters nur im

Traum stattgefunden hat und er wieder der Mensch ist, der er immer war. So billig wird die Menschheit mit ihren bisherigen Irrtümern und Fehlentwicklungen nicht davonkommen. Trotzdem ist Josef Pühringer seiner ganzen Veranlagung nach ein Mensch der Hoffnung. Was halten Sie von dem Satz des tschechischen Schriftstellers und Staatsmanns Václav Havel, Hoffnung sei nicht die Überzeugung, dass etwas gut ausgehen muss, sondern die Gewissheit, dass alles, wie immer es ausgeht, einen Sinn hat?

Ja, da kann ich mich anschließen. Es gibt keinen Versicherungsvertrag für eine positive Entwicklung. Aber unsere Aufgabe ist es, Menschen aufzurichten und ihnen zu sagen, wir bemühen uns, dass das, was jetzt kommt, so wie wir die Zukunft gestalten, Sinn macht, für möglichst viele Menschen

Als Dirigent in Timelkam: „Die Zukunft des Landes liegt in der Kreativität seiner Menschen."

eine Verbesserung bringt. In Oberösterreich fassen wir unser politisches Programm in dem Satz zusammen: Wir wollen immer um ein Stück, oft auch nur um ein kleines Stück, besser werden. Wir werden das Paradies auf Erden nie erreichen. Das ist auch nicht unsere Aufgabe. Unsere Aufgabe muss es sein, immer ein Stück besser zu werden und gut zu überlegen, wo dieses Besserwerden gerechterweise angesiedelt werden soll.

Und an der Sinnhaftigkeit von Schöpfung und Geschichte zweifelt der Josef Pühringer nicht?

Nein.

Dankbarkeit, heißt es oft, sei keine politische Kategorie. Ist es tatsächlich so, dass man sich als Politiker und auch als lang gedienter Landeshauptmann überhaupt keine Form von Dankbarkeit erwarten kann für das, was man getan hat?

Nein, das ist nicht so. Erstens ist Dankbarkeit sehr wohl eine Kategorie. Zweitens bin ich an einem Montag in der Früh oder an einem Sonntag Abend oft wirklich sehr gut aufgelegt, weil mir viele Menschen am Wochenende zugegangen sind und mir gesagt haben, dass sie gerne in Oberösterreich leben, dass sie schätzen, was in diesem Land für die Menschen geleistet wird. Wenn du nur Zeitungen liest, kommst du nicht auf diese Idee. Doch der direkte Kontakt zu den Menschen beschert dir auch sehr viel positives Feedback.

Diese Dankbarkeit ist ein Motiv, weiterzumachen?

Die Dankbarkeit ist sicher auch ein Motiv, aber nicht das einzige. Ich mache so lange weiter, solange das vernünftig ist und vor allem, solange ich es gerne tue. Denn ein Politiker, der den Job nur noch gewohnheitsmäßig ausübt, aber nicht mehr gerne, dem merken die Bürger das an, und er wird nicht erfolgreich sein. Ich gehe aber dereinst sicher zu einem Zeitpunkt, wenn die Menschen sagen: „Schade, dass er geht" und nicht zu einem Zeitpunkt, wenn sie sagen: „Jetzt ist es aber höchste Zeit, dass er geht."

Zur Person: Dr. Josef Pühringer

Die kleine oberösterreichische Stadt Traun, nahe Linz, ist die Heimatbasis des oberösterreichischen Landeshauptmannes. Dort wurde er am 30. Oktober 1949 geboren, dort sammelte er erste kommunalpolitische Erfahrungen, dort lebt er bis heute. Ehefrau Christa und die gemeinsamen drei Kinder bilden den familiären Rückhalt des Vielbeschäftigten.

Von Jugend auf in kirchlichen Gruppen und in Organisationen der ÖVP engagiert, avancierte Pühringer schon 1973 zum bis dato jüngsten Stadtrat von Traun. Sein Brot verdiente Pühringer damals als Religionslehrer, daneben studierte er Jus. 1976 promovierte er zum Doktor der Rechtswissenschaften und trat in den Landesdienst als Beamter in der Kulturabteilung des Landes Oberösterreich.

„Berufsbegleitend" war Pühringer unter anderem Landesobmann der Jungen ÖVP, Stadtparteiobmann der ÖVP in Traun und Bezirksobmann im Bezirk Linz-Land und ab 1979 Landtagsabgeordneter. Einem Intermezzo als Landesparteisekretär der ÖVP folgte 1987 die Bestellung zum Landesrat. Im Februar 1995 wurde Josef Pühringer zum Landesparteiobmann der ÖVP gewählt und am 2. März 1995 zum Landeshauptmann von Oberösterreich.

In der Oberösterreichischen Landesregierung ist Dr. Josef Pühringer für die Ressorts Außenbeziehungen, Europa, Bildung, Finanzen, Kultur, Sport, Presse, Inneres, Verfassung und Statistik verantwortlich (Stand August 2009).

Bildnachweis:

Gerhard Haderer (moff): 24

Oberösterreichische Landesregierung: 8, 12, 15, 16, 27, 40, 45, 56, 75, 78, 84, 91, 94, 101, 107, 112, 116, 119, 134, 137, 149, 162, 169, 180, 183, 192, 195, 199

picturedesk.com: 34 (Robert Newald); 144 (Guenther Peroutka/Wirtschaftsblatt); 157 (Rubra/APA)

ISBN 978-3-222-13282-7

www.styriaverlag.at

Buchgestaltung: Bruno Wegscheider

Lektorat, Bildredaktion und Herstellung: Marion Mauthe

Reproduktion: Pixelstorm, Wien

Druck: Druckerei Theiss GmbH, St. Stefan im Lavanttal